ALCHEMIA TAROT DECK

アルケミア タロット

解説書

森村あこ
ako morimura

Jitsugyo no Nihonsha

はじめに

　この美しい78枚のカードは、「錬金術」の名を冠し、オリジナルの解釈を取り入れたタロットデッキです。タイトルの「アルケミア」とは、錬金術を意味する「Alchemy」からの造語ですが、錬金術の女神という意味が込められています。

　錬金術というと、卑金属（金以外の物質）を純金へと変える実験、または怪しげな魔術儀式のようなもの……というイメージを抱いている人も多いかもしれません。
　その歴史を振り返ると、錬金術は、紀元前の古代エジプトからギリシャ、イスラムへ伝わったとされる冶金法（鉱石から金属を取り出し精製する技術）が、起源ではないかといわれています。中世ヨーロッパ以降、それが多くの化学物質や元素の発見につながりました。
　たしかに錬金術のはじまりは、卑金属を金へと変えたいという欲求や、純度の高い金を精製しようという人類の挑戦だったかもしれません。でも、錬金術とは本来、ある物質にさまざまな手を加え、錬成していくことで、まったく新しいものに作り替えるプロセスを暗示しているのです。

　黄金の輝きを放つ金は、洋の東西を問わず、人類にとって特別な意味を持った物質であり、権力や豊かさの象徴とされてきました。
　金の歴史的な利用は古く、約6000年前の古代エジプト文明やメソポタミア文明において、すでに用いられていました。遺跡から発掘された数々の金細工や、110kgの金が使われているツタンカーメン王の墓に代表

されるように、世界のあらゆる文明において、最上の物質として珍重されてきたのです。日本でも「金銀珊瑚綾錦」と言うように、宝物の筆頭に挙げられていたり、仏像の建造に金を用いてきたのは、「神の体は黄金でできている」と考えられていたためかもしれません。

　悠久の時を経ても腐敗することなく、その輝きもまさに永遠不滅。そんな至高の物質だからこそ、人類ははるか昔からその完全性に憧れ、金を追い続けてきたのかもしれません。
　金という至高の物質を追い求める、錬金術のプロセス——それは次第に、人間がさまざまな経験を経て、より完全なる状態へと近づく「魂の成長」のイメージとも、重ね合わせて考えられるようになりました。

　時には強くたくましく、そして時には心優しく健やかに……私たちは、人生の荒波を乗り越えていく中で、前の自分とは明らかに違うと感じられる、新しい自分と出会うことがあるのではないでしょうか。
　悲しみに打ちひしがれているときに感じる孤独……どうにかしようともがいているときに感じる、人のあたたかみや優しさ……強くあらねばならないと、自分に言い聞かせているときに感じる、心の痛みや弱さ……それらを知ることで、さらなる成長をとげていくのが、人間ではないかと思います。
　一足飛びとはいかなくても、着実に成長している自分自身を知ることで、苦難にあってもくじけることなく、きっと乗り越えられる——。そう信じて、このカードを「アルケミア・タロット」と名づけました。

「アルケミア・タロット」は、22枚の大アルカナ[※2]と、56枚の小アルカナ[※3]、全78枚のフルセットデッキです。
　大アルカナには「魂の変容」の道筋が、小アルカナには、錬金術の材料として必要な「火・地・風・水」という、万物を構成する四大元素[※4]を象徴するストーリーが示されています。

晴天の日もあれば、荒れ模様の日もあり、寒さに震える日もあれば、暑さに消耗する日もあるように……日々変化しているこの世の中で、自分を保ち続けることが難しく感じることもあるでしょう。
　ですが、雲の上はいつだって晴れ渡っているように、人生の暗がりの中にあるときでさえ、私たちに光は注がれているのです。思うようにいかないときも、幸せに満ちているときも、あなたの心の本質は、澄んだ空のように清らかで、神々しさに満ちています。

　すべてをいつくしみ、変化する人生をしっかりと受け止めて、あなたの魂のミッションを全うしてほしい……そんな気持ちを込めて、このタロットデッキを制作しました。
　あなたは生まれながらに、光り輝く存在です。輝きを失ってしまったように感じるときは、きっと、さらに磨きをかけるための次なるプロセスに到達しているはず……。もしも行き詰まったときは、カードに問いかけてみてください。あなたの魂が「黄金色の輝き」を思い出すように、そのときどきに必要なメッセージを伝えてくれることでしょう。

　あなたの魂の、素晴らしい「化学変化」を祈って……。

※1 デッキ ……………タロットやトランプなど、カードの1組のこと。
※2 大アルカナ ………アルカナとは「秘儀」の意のラテン語。1から21までの絵札に0の愚者を加えた22枚を、大アルカナ（Major Arcana）といいます。
※3 小アルカナ ………エース（1）から10までの数札に、王、女王、騎士、王子の人物札を加えた56枚を、小アルカナ（Minor Arcana）といいます。ワンド（杖）、ペンタクル（金貨）、ソード（剣）、カップ（聖杯）の4種類に分かれています。
※4 四大元素 …………小アルカナと4つの元素（エレメント）については58ページを参照。

アルケミア・タロット 解説書　目次

はじめに　3

第 1 章　大アルカナカード解説 ──── 11

0	愚者	12	XI	正義	34
I	魔術師	14	XII	吊られた男	36
II	女教皇	16	XIII	死神	38
III	女帝	18	XIV	節制	40
IV	皇帝	20	XV	悪魔	42
V	法王	22	XVI	塔	44
VI	恋人たち	24	XVII	星	46
VII	戦車	26	XVIII	月	48
VIII	力	28	XIX	太陽	50
IX	隠者	30	XX	審判	52
X	運命の輪	32	XXI	世界	54

注釈　56

第 2 章　小アルカナカード解説 ──── 57

小アルカナカードとは……？　58

ワンドの王 …………… 60	ペンタクルの王 ………… 88
ワンドの女王 ………… 62	ペンタクルの女王 ……… 90
ワンドの騎士 ………… 64	ペンタクルの騎士 ……… 92
ワンドの王子 ………… 66	ペンタクルの王子 ……… 94
ワンドのエース ……… 68	ペンタクルのエース …… 96
ワンドの2 …………… 70	ペンタクルの2 ………… 98
ワンドの3 …………… 72	ペンタクルの3 …………100
ワンドの4 …………… 74	ペンタクルの4 …………102
ワンドの5 …………… 76	ペンタクルの5 …………104
ワンドの6 …………… 78	ペンタクルの6 …………106
ワンドの7 …………… 80	ペンタクルの7 …………108
ワンドの8 …………… 82	ペンタクルの8 …………110
ワンドの9 …………… 84	ペンタクルの9 …………112
ワンドの10 ………… 86	ペンタクルの10 ………114

ソードの王	116	カップの王	144
ソードの女王	118	カップの女王	146
ソードの騎士	120	カップの騎士	148
ソードの王子	122	カップの王子	150
ソードのエース	124	カップのエース	152
ソードの2	126	カップの2	154
ソードの3	128	カップの3	156
ソードの4	130	カップの4	158
ソードの5	132	カップの5	160
ソードの6	134	カップの6	162
ソードの7	136	カップの7	164
ソードの8	138	カップの8	166
ソードの9	140	カップの9	168
ソードの10	142	カップの10	170

Column 　小アルカナに秘められたストーリー　172

第3章　タロット占いの基本 ──── 173

占いを始める前に……　174
占いの手順　175
〜逆位置について〜　180
タロット上達のための4つのコツ　181
タロットにまつわるQ&A　183

　　Column　占い以外のカードの活用法　186

第4章　カードの展開法(スプレッド) ──── 187

<占い方1>　ワンオラクル　188
<占い方2>　ツーカード・スプレッド　191
<占い方3>　スリーカード・スプレッド　194
<占い方4>　ケルティッククロス・スプレッド　196
<占い方5>　ホロスコープ・スプレッド　200
<みんなで楽しく占おう!>　パーティー・スプレッド　207
<応用編>　エレメント法　208

あとがき　214

装丁 ★ こやまたかこ
カード画・本文イラスト ★ 貴希
本文デザイン ★ 鈴木ユカ

Special thanks to KAGAYA, Naoko Yamada

大アルカナカード解説

大アルカナ

0 愚者 The Fool

【Key Words】

正位置　自由になりたい、現状を変える勇気が欲しい、漠然とした夢、希望、未知の分野、未来の可能性、役に立たなくなった古い考えやしがらみから解き放たれたい、常識や因習に縛られない

逆位置　自信のなさ、気まぐれな態度、現実逃避、焦りや不安、信頼できない人物、収拾がつかない、あいまいな考え、日和見的、無謀、選択・行動のチャンスを逃す、怠慢、自堕落な態度

Story 〜カードに秘められた物語〜

　新たな旅のはじまり……。まだ見ぬ新天地を希求して、まさに一歩を踏み出さんという姿を表すこのアルカナは、無限の可能性と、未知への探究心、逃避願望など、さまざまな背景での「旅立ち」を暗示しています。足元は軽やかなれど、行く手にはさまざまな危険や障害が潜んでいるかもしれません。元々このカードには番号はふられておらず、トランプのジョーカーの原型となったとも言われています。ジョーカーはオールマイティーであり、どう変化するか分からない、時に最強であり時に最低にもなりうるカード。番号の「0」は無を意味し、一切の現象が生じては消滅する、はじまりであり終わりでもあるのです。

　旅人がいずこへ向かおうとしているのかは、まだ分かりません。大切なのは外側ではなく、内なる心に従うこと。太陽にそむいたとしても、歩みを止めることなく冒険へと突き進んでゆくのでしょう。有でも無でもない、まだ形をともなわず何者ともなりえていない、純真無垢な状態。すべての創造の種を内在した、空(くう)のひとときを表すアルカナです。

大アルカナ 0・愚者

Card Reading ～このカードが出たら～

【正位置の場合】

あなたを取り巻く人間関係、仕事、環境などが、何となく自分に合わない気がしていたり、心にひっかかる何かが、あなたを現状から解き放とうとしているようです。かといって、現状を変えるには勇気もいるし、手放すのはまだ怖いと思っているかもしれません。常識的に考えたなら、今のポジションを手放して、夢に向かってチャレンジするような、無謀な冒険などしないほうが安全に思われるから……。

でも、もしもこのまま現状に甘んじていたら、あなたは幸せですか？ たとえ周囲から否定的なことを言われたり、楽観的すぎると言われたとしても、大切なあなた自身の心の声をないがしろにしないように！ 心の奥底で、新しい何かを求める欲求があるのなら、素直に従ってみたほうが、今よりもっと生命力に満ちた自分に出会えるでしょう。

【逆位置の場合】

何かしたいと思いながら、どことなく無気力で、成り行き任せな態度でいたり、現実から目をそむけているといった様子です。もしかしたら、今ひとつ自信が持てず、自分自身を信頼しきることができないために、現実に向き合うことを避けているのかもしれません。もしもきっかけやチャンスがあったなら、自分も変われるかもしれない……と、どこか他力本願で、責任回避をしたい時期であるとも考えられます。また、無謀すぎることに足を踏み入れている可能性もあります。

ひと言オラクル

思い悩んでいても事態が解決することがないなら、思い切って行動を起こしたほうがいいのでは？ 笑われたっていい。心の声に従って捨て去ったならもっとラクに、そして自由さを取り戻せるでしょう。

大アルカナ

1 魔術師 The Magician

【Key Words】

正位置 創造性、クリエイティブであれ、アイデアが欲しい、スタートを切る、新規のプロジェクト、意欲、やる気に満ちた状態、生産的な活動、試みの成功、奇跡を期待する、愛の出会い

逆位置 計画通りにいかない、予想と反する出来事、ミスチョイス、創造力が枯渇した気がする、求める変化が訪れない、消極的、優柔不断、コミュニケーション不足、作為的、策略

Story 〜カードに秘められた物語〜

　魔術師は、道具を使って何かを創造しようとしているようです。思っているだけでは、何も形にすることはできない。行動してはじめて、何かをなすことができる……彼はそう思って、これから実験をはじめようとしているのでしょうか。魔術師の傍らにある杖(つえ)、金貨、剣、聖杯は、四大元素・四大精霊を操り、新たに何かを創造しようとしている姿を暗示しています。現実世界でいうならば、経験や知恵、努力して身につけた技術や知識、そして習得するために費やした時間が、ムダではなかったことを証明しようとしている姿と言えるでしょう。

　番号の「1」は、無から生まれた最初の衝動であり、宇宙創造のはじまりともいえる数。今ここにはないものを顕現させる魔術師は、不可能を可能にする存在であり、人間の中にある創造的な力の象徴。時として奇跡とも思えるような現象も、単なる偶然ではないことを物語っているようです。彼の冷静な表情は、結果を期待しているのではなく、起こるべくして起こることをすでに知っているかのようですから。

大アルカナ 1・魔術師

Card Reading　〜このカードが出たら〜

【正位置の場合】

　何か新しいことやクリエイティブな活動、あるいは人生の奇跡的な変化を求めているようです。自分の可能性に賭けてみたいという願望や、慣れ親しんだ状況や環境にはもう満足できないという感情に、突き動かされている様子もうかがえます。または、自分の力だけではどうにもならないことに立ち向かおうとしているのかも……。でも神頼みをしたり、幸運な奇跡を期待する前に、できる限りを尽くすことが重要です。魔術師がさまざまな道具をそろえたように、準備は十分にできていますか？「自分には何もないかもしれない」とあきらめることのないように。

　あなたを通して現れようとしている、目には見えない大いなる創造のエネルギーと、自分自身を信頼してチャレンジしましょう。トライする勇気と、創造したい気持ちが奇跡を呼ぶのですから。

【逆位置の場合】

　予定通りに進まない事柄にイライラしていたり、予期せぬことに直面しているかもしれません。やり方が間違っているか、環境や準備が整っていない、あるいは時期尚早だったのか……理由はさまざまに考えられますが、求めるものには遠いようです。ただ言えるのは、あなたがとらわれていることを一度手放して、新たに取り組み直したり、計画を再度立て直すことで、この状況はクリアされるでしょう。間違っていたわけではなく、何かを理解するための障害と考えてください。

ひと言オラクル　人生を変える魔法をかけられるのは、あなた自身だけ。もっと自分自身と、未来の成功に期待しましょう。思い描いている通りに、きっと具現化するはず。新しい取り組みは好スタートを切るでしょう。

15

大アルカナ

2 女教皇 The High Priestess

【Key Words】

正位置　直観的、インスピレーションを得る、内面的な魅力が増す、清純、潔白、自分の考えが間違っていなかったことを知る、品格、真実、真摯(しんし)、真剣な交際

逆位置　思い込みにとらわれる、判断を誤りやすい、自分の感覚を今ひとつ信じきれていない、計画通りにいかない、表面的な態度、批判的、引きこもる、偏見、閉鎖的、深く考え過ぎる

Story　～カードに秘められた物語～

　澄み渡った知性と宇宙の神秘を表すこのアルカナには、女性の教皇が描かれています。歴史的には、最高位につく教皇（法王）はすべて男性です。しかし古来、子どもという新しい命を産む女性は、神秘性を秘めた存在であり、地球上に生命を誕生させた海も、また母なるものとしてとらえられてきたことを思うと、「女性の教皇」という架空の存在は、言葉にならない直観や、生命の導きを暗示しています。

　番号の「2」は、細胞分裂によって1が二極化した状態。1は男性原理（陽）を表し、2は女性原理（陰）を表します。1は活動的で、2は受容的。陰と陽を表す2本の柱の中心に鎮座する女教皇は、超越的な導きとともに、何かを伝えようとしているのでしょう。

　このアルカナは、目には見えないけれど、この世に作用している大宇宙の神秘を象徴しています。手にした経典は真理への道を表し、哲学的な思考や啓示を含んでいます。理性的でありながら直観的なこのアルカナは、物事の本質を見極める重要性を物語っているようです。

Card Reading　〜このカードが出たら〜

【正位置の場合】

　高次の自己を示すこのアルカナは、惑いと、そこに隠された真実を暗示しています。あなたが深層で感じていることや、「本当はこうすればいいのではないか」と思っていることに、悩みの解決の糸口がある可能性が高いでしょう。また、自信を持って進むための直観や、インスピレーションが欲しい、正しく導かれたい……と思っているかもしれません。

　啓示的なこのアルカナは、これまで気づかなかった事実に気づかせたり、自己の本質と向き合うことによる成長をうながします。時には知りたくないことを知るかもしれませんが、事実は事実として受け止めて！　弱さやプライドで事実をねじ曲げず、冷静で客観的な視点で見つめてください。受容的な姿勢では、負けてしまうのでは……と恐れる必要はありません。真実を求める姿勢が、導きをもたらします。

【逆位置の場合】

　先入観や偏見などによって、物事の本質を見誤っていたり、自分の直観を信じきれないために、情報や、他の人の考え・価値観に振り回されている状態かもしれません。あるいは、本意ではない状況に置かれていたり、妥協したくないのに妥協せざるをえないとか、納得できていない心理を表していることもあるでしょう。しかしながら、思い通りにいかないことによって、かえってあなたにとって良い状況へと導かれる場合もあります。物事の表面ではとらえきれない真実に思いをはせてください。

あなたはいつだって正しい場所にいます。周囲の雑音に振り回されず、直観を信頼してください。もしも今、あなたの思うようでなかったとしても、求めるものは、いずれ正しく与えられるでしょう。

大アルカナ

3 女帝 The Empress

【Key Words】

正位置　豊かさ、過去の努力の結実として収穫を得る、成功、繁栄、富、母性的、女性的な魅力、結婚、妊娠、出産、愛に満ちた生活、企画や事業の発展、飛躍、物質的な豊かさ、金銭的な充足、生活の向上

逆位置　誘惑に流される、浪費、散財傾向、依存心、生活の乱れ、満たされない心、過保護、愛情問題におけるトラブル、安心しきれない状況、奪われるのではないかという恐れや不安

Story ～カードに秘められた物語～

　豊かな大地（玉座）に優美で豪奢（ごうしゃ）な姿で鎮座する女帝は、女性原理の象徴であり、母なる大地と豊饒（ほうじょう）をたたえているようです。古来、女性の持つ母性（女性性）は、命を連綿とつないでゆく担（にな）い手として重要な役割があり、生産性を表してもいます。女帝もまた生命をつかさどり、その満ち足りた微笑には、何不自由のない豊かさと愛にあふれた、物質的な繁栄をもたらす女神が宿っているのです。

　番号の「3」は対立する2つの原理に調和をもたらし、統合することによって、まったく新しいものを創造する数。「一は二を生じ、二は三を生じ、三は万物を生ず」と老子の言葉にあるように、創造的な活動を体現します。このアルカナは、対立物の結合や安定、生命力や物質的な充足を暗示。男性と女性が交わって新たな生命を誕生させること、調和的な連携やバランスも表します。忘れてならないのは、女帝は愛にあふれた存在であり、すべては愛によって結ばれているということ。深い愛による営みの中にこそ、真の豊かさがあるのです。

大アルカナ 3・女帝

Card Reading　〜このカードが出たら〜

【正位置の場合】

　すべてを受容し包み込む母のように、女帝はあなたを励まし見守っています。あなたが過去にまいた種が、間もなく実りをもたらす、豊穣（ほうじょう）の時を迎えることを告げています。あきらめそうになりながらも、抱き続けてきた夢や目標、未来を信じて取り組み続けてきたことは、必ずや報われるでしょう。今はまだ手ごたえがなくて、一抹（いちまつ）の不安があったとしても案ずることはありません。物質的な豊かさや収穫、富と繁栄を約束するこのアルカナは、内なるものが外にも現れることを暗示しています。

　心の豊かさこそが、真の豊かさへの道。あなたの内側に宿る、心の豊かさに気づいてください。強い自己信頼と深い愛によって、状況が改善されることも示唆しています。愛する人との大切なかかわり、そしてあなたを取り巻く環境は、穏やかで愛に満ちたものとなるでしょう。

【逆位置の場合】

　豊かさに反した枯渇状態を表します。期待していたものが得られなかったり、不安な関係や不安定な暮らしを示しているかも。あるいは、栄養を与えすぎると植物が枯れてしまうように、必要以上の行為によって、大事な何かを台無しにしている可能性もあります。また、愛の手ごたえが得られないために、寂しい思いをしていることも……。過剰な期待や依存心によって生命力を奪い、本来なら手にできるものや、育（はぐく）まれるはずのものを失うこともあるという暗示もあります。

ひと言オラクル　あなたの内なる愛と豊かさが、外の世界に体現される時。長い年月をかけての取り組みや努力に、相応の結果がもたらされるでしょう。あなたがエネルギーを傾けた分だけ、得るものも大きいはずです。

19

大アルカナ

IV 4 皇帝 The Emperor

【Key Words】

正位置 獲得したい目標、支配的な男性、権力者や有力者、実行力、指導力、決断力、権威、父、支配力、目的達成、リーダーシップ、壮大な計画、繁栄、発展、大胆な決断、輝かしい経歴、自分の考えや主張を通したい

逆位置 身勝手なふるまい、自己過信や誇大妄想による失敗、独りよがりな態度、力業で失敗する、不完全燃焼、活力が枯渇している

Story 〜カードに秘められた物語〜

　この世のすべてをその手に収めんとするかのように、左手に宝珠を、右手には権力を誇示する王笏を握る皇帝は、征服すべき世界に眼差しを向けているようです。赤い装束の下には甲冑をつけており、大きな玉座に鎮座しながらも隙のない姿は、いまだに戦い続けていることをうかがわせます。背後に連なる山々は、築いてきた王国を不動のものにしようという願望の表れ。皇帝は社会に秩序をもたらし支配する存在ですが、油断すればその地位を追われる可能性もあるのです。

　番号の「4」は、十字や四角形に表されるように、秩序と安定をもたらす数。3で完成した世界を固定・定着させる、という意味あいがあります。東西南北や四季など、4つの分類に現象世界をつかさどるものが多いのも、無秩序な自然を秩序だてる基本の数だから。

　皇帝が見つめているのは、あくまでも現実社会なのです。ただ、皇帝自身に安寧の時はなく、王国の平安を保つために、そしてさらなる発展をもたらすために、命の続く限り現実に挑み続けてゆくのでしょう。

Card Reading ～このカードが出たら～

【正位置の場合】

　最高の権力者を表すこのアルカナは、大胆な行動力や壮大なヴィジョン、理想のために奮闘する姿を暗示しています。リーダーシップや決断力が必要な問題に直面しているならば、すぐに行動を起こし、エネルギッシュに目標に向かうことで成功できるでしょう。物質的な利得や昇進など、現状をランクアップさせたいという願望を抱いている可能性もあります。いずれにしても、努力なくして目標達成は難しいもの。得難いものを獲得するためには、妥協したり、ただチャンスを待っていてはダメなのです。目標や夢があるのなら、そのために前向きな行動を取り続けることの大切さを、このカードは告げています。

　また、皇帝のように権威的な存在や有力者、ワンマン型の人物、あるいは、あなたに影響を及ぼしている人物を表していることも。

【逆位置の場合】

　本当は積極的に行動すべきなのに、過去の失敗やトラウマのために、勇気が出せないでいたり、自分には無理かもしれないというあきらめの気持ちにとらわれているかもしれません。あるいは、独断的で自己を過信した行動が、裏目に出る可能性もあるでしょう。本来なら発揮できるはずのエネルギーが、ムダに使われているとも考えられます。いずれにせよ、独りよがりな態度や、無理やりな進め方ではうまくいかないということを暗示しています。力業に頼るのではなく、協調性が大事です。

ひと言オラクル　待ち望んでいたチャンスを、その手にできる時。かつて望んでいたことが、ようやく実現します。今こそ自分を奮い立たせて成功をつかみ取って！　失敗を恐れぬ大胆な行動や決断が、未来を変えます。

5 法王 The Hierophant 〔大アルカナ〕

【Key Words】

正位置 伝統、常識、年長者、慈善的行為、善行、尊厳、確かな手ごたえを感じる、正しい選択、信頼できる人からのアドバイスに従うことで最上の結果を得る、導きがある、昇進、組織化する

逆位置 順調だった事柄が暗転する、視野が狭く障害に突きあたる、それまで正しいと思っていた価値観や考え方が通用しなくなる、誤りに気づかない、問題の根底にある真実が理解できていない

Story ～カードに秘められた物語～

　高潔で神聖なる存在の法王は、神々しい姿でふたりの僧侶を照らし、教え導いているようです。ひとつ前の4「皇帝」では物質世界の安定が表されていましたが、それだけでは人は満たされることがないためか、あるいは物質世界にとらわれた魂を救済・昇華せんとするためか、このアルカナは深い精神性と、求道する人の姿を表しています。

　法王の足元にある2つの鍵は、異教徒でありながら改宗し殉教したペトロに、イエスが授けたとされる天国の鍵を彷彿させ、「正しい心で歩むなら天への扉が開かれる」ことを伝えているようです。

　番号の「5」は五感や五体のように、肉体の感覚や機能を統合した数であり、全体性を表します。図形ではピラミッドやペンタグラム（五芒星）など永遠性や神秘の象徴です。法王は、この世に存在する絶対的で普遍の理を伝え、人間性のあるべき姿を諭しているのかもしれません。正しい行ないによって道は開ける、そして耳を傾ける者には指針が与えられるということを、このアルカナは告げています。

Card Reading 〜このカードが出たら〜

【正位置の場合】

　人生の岐路に差しかかっていたり、自分が歩んできた道や選択が間違っていないかどうか、不安になっているかもしれません。でも安心してください。あなたが歩んできた道も、そして今から下そうとしている決断も、あなたにふさわしい選択に違いありません。たとえよるべない不安があったとしても、自分を疑うことのないように。行くべき道やあるべき姿を知っているのは、あなた自身だけなのです。頭で考えるよりも、心の目で物事を見つめ、直感や身体感覚を信頼することが大切です。

　また、この時期は無鉄砲な行動や、無謀な冒険には適していません。年長者や伝統、常識的な考えを重んじたほうがいいでしょう。あなたに必要な情報やタイムリーなアドバイス、導きを示してくれる人物が現れる可能性もあります。

【逆位置の場合】

　現状を変えたいのに、どうしていいのか分からないでいたり、誤った判断で事を進めている可能性を暗示しています。あるいは何か障害に直面していたり、先行きに不安を感じているのかもしれません。あなたを支えていた考え方や価値観が意味をなさなくなり、それに縛られることによって、成長が妨げられているとも考えられます。いずれにしても、確かな指針が欲しいのに、得られていない状態のようです。また、それがモラルや常識の欠如として表れることもあります。

ひと言オラクル　大丈夫、あなたはいつだって正しく導かれているのです。今は理解できなかったとしても、あなたが寛容な心で受け止めたなら、目に見えない導きによって、困難に感じていた状況は改善されるでしょう。

6 恋人たち The Lovers

大アルカナ

【Key Words】

正位置　新たなはじまりのための選択の時期、パートナーシップ、協力する、恋や友情にまつわる出会い、運命的な恋の予感、未来への期待、適切な決意と決断によって明るい展開が訪れる

逆位置　決断することから逃れたい、何とかならないかと思いながら自分から動くことは避けたいという気持ち、優柔不断な態度、迷い、期待している変化やチャンスはすぐには訪れない

Story 〜カードに秘められた物語〜

　戸惑いに満ちた男女と、ふたりを祝福しているような、あるいは天高くから見守っているような天使が描かれたこのアルカナは、創造的な愛を象徴しています。このふたりは、たった今出会ったところなのでしょうか。あるいは、新たな場所で一歩を踏み出すところなのでしょうか……。まるで創世記に記されるアダムとイブの出会い、そして楽園を追放された後のふたりを見守る、大天使ミカエルの姿を彷彿させます。

　番号の「6」は、万物を生じさせるという意味を持つ3が合わさった数であり、調和とバランスを意味します。図形でいうなら、上へ向かう三角形と下へ向かう三角形が重なり合った、ダビデの星と呼ばれるヘキサグラム（六芒星）を表します。上に向かう（＝陽）三角形は男性的エネルギー、下に向かう（＝陰）三角形は女性的エネルギーの象徴です。

　背景の山は、結び合う心によって生まれる、完成された世界を暗示しています。手と手を取り合って、この世に楽園を築いてゆく美しい創造の試みを、天使は待ち望んでいるかのようです。

大アルカナ 6・恋人たち

Card Reading 〜このカードが出たら〜

【正位置の場合】

　新しい何かを予感させるこのアルカナは、「運命を切り開いていく選択の時」が訪れたことを告げています。カードに描かれたふたりも、相手を選び一緒に歩んでゆくことを決めなければ、ただの通りすがりの出会いになってしまうでしょう。あなたの人生でも、新しい出会いやチャンスが訪れても、あなたがそれを選ばなければ、その先の発展は望めません。「本当にこの人でいい？」「もっといい出会いがあるかも……」という心の迷いがあっても、特に結婚やビジネスの契約など、人生を左右するようなことほど、しっかりした選択と決意が重要です。

　一抹の不安があっても、選択することを恐れないでください。天使が天上から見守っているように、あなたの行く手も守られています。「あなたの心が幸せでうれしいと感じられるか」という基準で選びましょう。あなたの楽園の創造は、あなた自身の手にかかっているのです。

【逆位置の場合】

　何らかの選択や行動から逃れたい気持ちや、優柔不断から、チャンスを逃す恐れがあることを暗示しています。でも本当のところ、自分でもどうしたいのかが、定かになっていないのかもしれません。確かに、どっちつかずの思いのまま、意思の伴わない選択をしたところで、中途半端で投げ出すことになる可能性も高いでしょう。今はあなたの心が定まるまで、時機を待ったほうがいいのかもしれません。

ひと言オラクル　このまま続けるべき？　それとも別の道を選ぶべき？　迷いながらも何かを選び取らなければ、本当の幸せを得られないまま、チャンスを逃してしまいます。心がときめくなら、思い切って飛び込んで！

VII 7 戦車 The Chariot

【Key Words】

正位置 冒険心、独立心、探求心、自分の考えを行動に移すことで発展する、無我夢中、真剣勝負、障害に屈しない、勝負事に挑む、未知なるものへの挑戦で栄誉を得る、ハイテンション、信念を貫く、全身全霊を傾ける、克服、勝利

逆位置 限界を感じる、コントロールできない状況、もめ事や争い、ふがいなさ、悪戦苦闘、失望、信念がぐらついて一歩も進めない、疲労感、もうこれ以上は頑張れないという気持ち

Story ～カードに秘められた物語～

　黄金の冠を戴き、勇ましく出陣する若き王が描かれるこのアルカナは、英雄の物語を象徴しています。ひとつ前の6「恋人たち」で何かを決断したことで、自己のアイデンティティを確立し、次なる挑戦に向けて活路を見いだそうとしているのか。あるいは自分の愛する者や、国を守るために戦いに挑もうとしているのでしょうか。

　戦車には天蓋がついており、背景の城からも、彼の背後にはすでに完成された世界、守るべきものがあることをうかがわせます。

　番号の「7」は、創造原理を表す3と物質原理を表す4が合わさった数。ひとつの周期の完了、統合された意識の状態を表します。この若き王も何かを完成させるために、夢や理想を追いかけて、未知なる冒険に旅立とうとしているのでしょう。数々の試練が待ち受けていようとも、栄光をつかみ取るために、そして理想郷を築くために進み続けるのです。宇宙の創造エネルギーが、終わることなき運動を続けるように、彼は自らの限界に挑戦しながら成長し続けるのでしょう。

大アルカナ 7・戦車

Card Reading　～このカードが出たら～

【正位置の場合】

　あなたが抱いてきた夢や理想、目標のために、挑戦する時が来たようです。自信のなさや不安に甘んじていたら、いつまでたっても壁を打ち破ることはできません。「善は急げ」という言葉があるように、わずかなチャンスも逃さず行動を起こしましょう。困難な状況が待ち受けていたとしても、あなたならきっと乗り越えられるはず。これまで培った経験や能力が、夢を実現させるバックアップをしてくれることでしょう。

　自主独立の精神で挑戦を！　このアルカナが暗示しているのは、己の弱さに屈さずに理想を体現すること。心の内にある敵に打ち勝ってこそ、真の英雄となるのです。自分自身に負けないで、目の前にあることに全力を注ぎましょう。理想を高く掲げ、未知なるものへの探求心や好奇心から行動することで、新境地が開けます。

【逆位置の場合】

　戦車が暴走するように、自分ではコントロールできない出来事や状態に陥ったり、衝動的な行動で失敗する恐れのあることを暗示しています。あるいは、何気ないひと言や行為が、予想外のところで波紋を呼んで、大問題に発展するかもしれません。今は慎重さに欠けた言動を慎んで、大きな冒険はしないほうがいいでしょう。また、争いやトラブルに巻き込まれて、失意や失望を感じていることも。見通しが暗いと感じてもあきらめないで、今しばらくは忍耐が必要です。

どうせやるなら思い切り、出し惜しみをせず全力投球しましょう。かつては越えられないと思っていた壁も、今のあなたならラクに乗り越えられるはずです。あふれる情熱を闘志に変えて、前進しましょう。

8 力 Strength

【Key Words】

正位置 逆境をしのぐ、努力が素晴らしい成果をもたらす、スケールの大きなもの、不可能を可能にする力、控えめであっても強い存在感、指導する、ひたむきな努力、平和的な解決、器の大きな相手、負けて勝つ、セルフコントロール

逆位置 自己過信によって道を誤る、強がりな態度、実力不足、本能に流される、なぜかうまくいかない状況、試練に遭う、自分では変えられないと思い込む

Story ～カードに秘められた物語～

　花冠をつけた美しい女性が、優しい眼差しで獅子を手なずけ、開いた口を押さえています。獰猛な獅子は、本来簡単には手なずけられない本能的な力や欲望を表し、女性の白いドレスは、純真無垢の聖なる象徴。さながら「柔よく剛を制す」姿を物語っているようです。

　番号の「8」は、物質世界を表す4が合わさった数。8の字を横に描くと、0が反転して結びつく「無限」を表す記号になることから、8には物質世界と反物質（精神）世界両方のスピリットが宿っているのです。

　一見、相いれない象徴の組み合わさったこのアルカナは、力の取り扱いについての、正しいあり方を教えています。女性がもしも油断したら、またたくまに鋭い牙によって命を落とすことになりかねません。強すぎる欲望や本能のままの行動が破滅につながりやすいように、パワーは善にも悪にもなりえるのです。力を平和的に用いることで、無限の可能性が与えられることを暗示するこのアルカナは、力による征服の連鎖を断ち切り、内面の気高さを養うことで、真の発展へと至ると伝えています。

Card Reading　〜このカードが出たら〜

【正位置の場合】

　とても困難な状況に立ち向かっているか、無謀だと言われるような事柄にチャレンジしようとしているのかもしれません。外的な要因にせよ内面的な問題にせよ、強靭(きょうじん)な精神力を求められることに変わりはないでしょう。経済的な苦境を乗り越えるために、欲望をコントロールするとか、恋に傷ついた感情を爆発させるのではなく、なだめて昇華するように導くなど、自制心によって葛藤(かっとう)を克服しなければなりません。

　勇気を奮い起こして、逃げ出さず、女性が獅子に向き合っているように事態と向き合うことが重要です。忍耐強く根気よく、穏やかな心で物事に向かうことは、平和的な解決と確実な成長をもたらします。たとえ長い年月がかかったとしても、女性が気高い光を放っているように、きっと素晴らしい自己改革を成しとげることができるでしょう。

【逆位置の場合】

　精神力の弱さや、自己コントロールができない様子を暗示しています。「自分には乗り越えられない」と思い込んでしまったり、「長い物には巻かれろ」的に権威や権力に従うなど、努力を怠って、逃げ道を見つけ出そうとしているかもしれません。あるいは、自分の権限や立場などのパワーを頼りに、力業で解決しようとして失敗する可能性も……。いずれにしても度量や忍耐力の不足などから、努力することを放棄して、内なる力を発揮できないでいるようです。

ひと言オラクル　忍耐を強いられる状況にあったとしても、自己信頼を忘れないように。あなたには、あなたが思っている以上に物事をなしとげる力が備わっているのです。己を信じて立ち向かえば状況は必ず好転します。

大アルカナ

9 隠者 The Hermit

【Key Words】

正位置 内省、思慮深さ、静かな暮らし、人には言えない悩み、独りで過ごす時の中で光明を得る、探究心、真実を求める、不言実行、今後のことをじっくり考える、内的成長、心眼

逆位置 頑固さ、社会生活や対人関係の悩み、引きこもり、逃避願望、気難しい性質、うまくいかない気がして背を向けようとする態度、落ち込み、求める出会いがない、孤独、暗中模索

Story ～カードに秘められた物語～

闇夜(やみよ)の底をランタンでそっと照らす、老賢者の姿が特徴的なアルカナ。英雄物語やおとぎ話の主人公が旅の途中で出会う、未熟な主人公に導きを与えたり、行く先を暗示してくれる存在を彷彿(ほうふつ)させます。冒険の途中で行き詰まり、どこに向かっていいのか分からないでいるときに、経験豊かな知恵者である老賢者は、素晴らしいタイミングで現れます。

番号の「9」は、1桁(けた)の数字の最後を締めくくる、完了や完結を意味する数。隠された事実や達観した精神など、すべての因果(いんが)を受容して、次の2桁のサイクルへと移行するための重要なポイントです。老賢者は、主人公が気づいていない心の暗部や、問題を提示することもあるでしょう。旅を完了させるためのアイデアを、ランタンの輝く光によって与えてくれるかもしれません。しかし、それらはすべて主人公自身が気づいて受け取るものであり、答えは己自身の中にある。だからこそ、旅の途中でどんな経験をしようとも、最後には自らに問いかけ、見つめ直すことによって、高次の意識を獲得できる可能性を示しているのです。

大アルカナ 9・隠者

Card Reading　～このカードが出たら～

【正位置の場合】

　今までできたことが、ことごとくうまくいかないように感じたり、楽しかったことに興味を持てなくなったりと、あなたの中で何かが変わってきているのではないでしょうか。「自分の生き方は間違っていなかったか」「どうしてこんな結果になってしまったのか」という思いを抱えていたり、燃え尽きかけた情熱を、再び見いだそうとしていたり……。

　悩みを抱えて、さまよっているように感じるかもしれませんが、このカードが一筋の光明を示しているように、恐れや不安は間もなく解消されます。あなたのこれまでの生き方は、ひとつのサイクルを終えようとしているのです。今は過去を振り返り、新たな希望を見いだすことがテーマ。信じられないような変化の波が、もうじきやってきます。自分の原点を見つめ直し、内省することで、希望の道へと歩み出せるでしょう。

【逆位置の場合】

　老賢者からのメッセージを誤って受け止めるような、自閉的な観念に支配されている状態を暗示。つらいことや大変なことから逃れるように、現実社会に背を向けて閉鎖的で引きこもりがちな姿勢でいたり、なんらかの思い込みや迷信にとらわれているかもしれません。すべてを掌握しているつもりでも、もっと大きな視野で、物事を受け止める必要がある場合もあるでしょう。内にこもりたい気持ちがあっても、あえて社会活動やコミュニケーションを活発にしたほうが、状況は改善されます。

ひと言
オラクル

悩める者は幸運である。悩みがあるからこそ人は工夫をこらし、より良き人生を追求できるもの。魂の目的への気づきを、あなたは間もなく得るでしょう。心の真実に従えば、必ずたどりつけるはずです。

大アルカナ

10 運命の輪 Wheel of Fortune

【Key Words】

正位置　予期せぬ幸運の訪れ、思いがけない変化が最良の結果をもたらす、劇的な出来事、底上げされる、緊迫した状況から解放される、重大なニュース、立場の向上、不可避の出来事

逆位置　不測の事態によってタイミングを逃す、見込みや期待がはずれる、アクシデント、落胆、困惑する状況、暗転する、事態の急変、災いが幸いして新たな道が開ける、ダメになることで得るものがある

Story　〜カードに秘められた物語〜

　天空に浮かぶ大きな輪は、とどまることなく流転変化する、宇宙の原理を象徴しているようです。輪の頂点に座したスフィンクスは剣を手にし、何者もこの輪から逃れることはできないことを暗示しています。時の定めは変えることも止めることもできない……。運命の輪はまるで曼荼羅のように、栄枯盛衰、生者必滅の真理を、究極的に物語っています。

　番号の「10」は、1〜9までの1桁のサイクルを終えた後、より大きなスケールでのはじまりを表す数。これまでとは一段違う人生のスタートや、環境的な変化、チャンスの到来など、大きく飛躍する意味を持っています。運命の大車輪は、主人公に変化の時節の到来を告げています。

　これまでの幾多の戦いも、喜びも悲しみも、すべては究極の使命を全うするための道程にすぎず、変わらないと思っていた現実さえも、今まさに変わろうとしていることを伝えているようです。

　禍福はあざなえる縄のごとし。苦しみの時が長く続いていたとしても、明けない夜はないように、運命が味方する時は必ず訪れるのですから。

Card Reading 〜このカードが出たら〜

【正位置の場合】

　思い通りにいかない現実や、予想外の出来事に意気消沈したり、今後の進退に関することで、不安を抱いているかもしれません。このアルカナは、困難な状況からはい上がろうとしているときには、絶好の「好機」の訪れを暗示します。喜んでください、苦難の時は過ぎ去ろうとしているのです。運命の輪は、流転するこの世の定めの象徴。どん底の思いや悲しみ、孤独を耐えてきた人には、吉兆にほかなりません。

　思わぬ助けの手が差しのべられたり、まさに運命的な出会いによって、人生は劇的な変化をとげ、輝かしい栄誉を受けることでしょう。報われなかったことにスポットが当たったり、再チャレンジの機会がやってくるかもしれません。そのような悩みも不安もないという場合は、将来のために備え、先手を打つ行動を心がけましょう。安住していたら、運命の輪の回転によって、状況が暗転する恐れも秘めているのです。

【逆位置の場合】

　恐れていたことが現実化したり、思わしくない状況によって、アクシデントに巻き込まれる可能性を暗示します。期待していたことの当てがはずれて落胆したり、他力本願的な姿勢が、裏目に出るかもしれません。不運を嘆く前に、それを招いてしまった原因の追究と、心的態度の改善が何よりも重要です。一方、困難な状況にさいなまれていた人には、捨て去った希望を再び見いだせるチャンスが訪れるでしょう。

ひと言オラクル　変化は何の前触れもなくやってきます。そして訪れたことには、すべて理由があるものです。目先の吉凶判断にとらわれず、大船に乗った気持ちで受け止めて。さすれば、すべてが福となります。

※56ページに注釈あり

大アルカナ

11 正義 Justice

【Key Words】

正位置　正義、公正、公平、正当性、バランス、均衡、法律上の問題や裁判、物事の決着、因果、正しい判断、正しい結論、論理的な思考、正当な報酬、正しい評価、誠実な人間関係に恵まれる

逆位置　バランスを欠く、モラルの欠如、公平さに欠ける、判断ミス、一方的で独断的な言動、問題解決には困難な状況かもしれない、不安定、真贋(しんがん)を見分けられない

Story ～カードに秘められた物語～

　正義は、人間の持つ美徳のひとつであり、複雑な社会の中で生かし合うためのモラルです。台座に座した女神が右手に持つ剣は、時には役立つ道具として、時には武器として、人を生かしも殺しもするという、まさに諸刃(もろは)の剣。象徴的に文明や理知的な感性を表し、占星術的には風のエレメントに属します。武力支配の中で、文明の進歩を担った道具であり、また言葉の暴力というものも存在しているように、武器＝言葉の持つ力という意味あいから、剣は知性や英知を表すものとされています。左手に持つ秤(はかり)は、公正さや均衡、正しい判断を象徴しています。

　番号の「11」は、ひとつ前の10「運命の輪」によって新たなサイクルの幕が開き、より高いステージでのスタートを意味する数。広い視野と高次の意識を表し、個人の意識を超えたレベルのインスピレーションや、社会にとって真に役立つことを目標とします。正義の女神は、今にも剣を振り下ろさんばかりの迫力で正面を見据え、たとえ時代が変わっても、揺るぎない真実を見つめるように、うながしているのかもしれません。

大アルカナ 11・正義

Card Reading 〜このカードが出たら〜

【正位置の場合】

　内なる目で、心の真実を見つめるように！　あなたは今、正義がまかり通らない状態に苛立っているか、正義を盾に自分の正当性を主張しようとしているかもしれません。しかし正義を振りかざすとき、それは度を越した言葉の暴力や、相手を責め立てることに終始する恐れもあります。公平さを求めるならば、冷静で客観的な思考が必要。そして誰かを秤にかければ、同様にあなたも秤にかけられるということを忘れずに！

　正しいとされている価値観ですら、未来には覆されることもあるのです。人も社会も複雑さをはらんでいる以上、一方的な考えでは真実にはたどりつけません。感情的な思いに駆られたらクールダウンして、静かに内なる心の目で見つめましょう。あなたが何かを罰しようとしなくとも、真の正義であるならば、おのずと正しい行ないによって正されるはず。理不尽に感じていた状況は、速やかに改善されるでしょう。

【逆位置の場合】

　冷静さを欠いた言動によってトラブルに巻き込まれたり、間違った考えに支配されている可能性を暗示しています。秩序やモラルの乱れによって損害をこうむったり、権利を侵害される恐れも……。また独断と偏見に満ちた考えにとらわれて、大切なことを見失っているかもしれません。いずれにしても、早急に結論を下そうとしないで、時間をかけて取り組んだほうがいいでしょう。決して感情のままに行動しないように！

　近視眼的な考え方では、正しい結論にたどりつくのは難しいもの。冷静で客観的な思考で見つめてください。正論を振りかざすことよりも、大切なお互いを生かす道を見つけ出すことが重要なのです。

大アルカナ

12 吊られた男 The Hanged Man

【Key Words】

正位置　人生における岐路、過渡期、自分を抑えることで丸く収まる、不安定な状況、絶望的な状況の中で光明を見いだす、救いを自分の内に求めることでアイデアを得る、内観、忍耐

逆位置　思い通りにならない閉塞的な状況、なすすべがないまま流される、ものの見方や考え方を変えない限り好転は望めない、犠牲をともなう、報われない状況、本末転倒、困難

Story　〜カードに秘められた物語〜

　逆さに吊られた男は、ひとつ前の11「正義」において、何か罰せられたのか。あるいは自らの罪を悔いて逆さになったのか、それとも自己の信念に殉じたのか……。苦痛極まりない、屈辱的な姿勢であるにもかかわらず、彼の表情は落ち着き払い、頭部には後光が差しています。心ここにあらずで空を見つめる視線には、何が映し出されているのでしょう。

　番号の「12」は3と4の倍数であり、創造活動の調和と安定、達観した意識、霊的な世界の完全性を内包する数。一見アンバランスな状況の中で、完全なバランスを彼は見いだしたのかもしれません。状況を受け入れたうえで、未来への希望を見ているとも考えられます。

　苦悩の中でしか得ることのできない真実・真理を悟ったのか、それとも自己への誇りが光輪となって現れたのか……いずれにしてもクールにすべてを受容している姿は、何があろうとも決してブレることのない、魂の輝きを感じさせます。目に見えることだけがすべてではなく、見えないことの中にも真実はあるのだということを、彼は教えているようです。

大アルカナ　12・吊られた男

Card Reading　〜このカードが出たら〜

【正位置の場合】

　一連の出来事の中で閉塞感を感じていたり、変わらぬ現実に焦燥感を抱いているかもしれません。吊られた男のように身動きが取れない状態に置かれ、不安になっているのかも。でも彼が甘んじて現実を受け止めているように、ジタバタせず受け入れたほうが、物事は好転します。

　むやみに動けば、ロープは足に食い込み苦痛が増すだけ。受け入れがたいことを受け入れるのは苦痛が伴い、時には許しがたい怒りがわき上がってくることもあるでしょう。だからこそ、そうした心のトゲを取り去り、静かな心で現実を見つめることが大事なのです。

　物事は表面的なことだけではとらえきれないもの。最悪な状況の中にこそ希望の種が宿り、その後の人生を変えてしまうような変化をもたらすことは少なくありません。今は逆転の発想が功を奏します。栄光と栄誉は、あなたが気づいていないだけで、手の中にすでにあるのですから。

【逆位置の場合】

　本末転倒な状況や、もがけばもがくほど泥沼にハマるような苦境を暗示しています。抵抗するほど解決は遅くなり、せっかく訪れたチャンスも見逃してしまうかも。報われないと分かっているのに努力を重ねているケースもあるでしょう。いずれにしても独りよがりの考えによって、真実が見えなくなっているようです。冷静さを取り戻してください。ムダな抵抗をやめたなら、真の救いの手が何であるかが分かるはずです。

ひと言オラクル　どうにもならないような状況の中でも、自分自身を見失わないように。正しい答えはあなたの中に必ずあるから、そっと耳を傾けて。頭で考えるよりも、直感的に感じたことに解決の糸口があるはず。

XIII

大アルカナ

13 死神 Death

【Key Words】

正位置
潮時、ターニングポイント、白黒をはっきりつける、躊躇(ちゅうちょ)しないで決断する、やめること・終えることで新境地が開かれる、こだわりを捨て去るよう過去の整理を、見切りをつける、再スタート

逆位置
グレーゾーンに陥る、希望が見いだせない状況、頭では分かっていても踏ん切りがつかないでいる、無気力や無感動、自分を守りたいあまり大事な本質を見失う、欠乏、喪失、無力感

Story ～カードに秘められた物語～

　死神がモチーフとなったこのアルカナは、まさに「死と再生」の象徴です。これは生存にまつわることだけでなく、誰かとの関係性や古い価値観、とらわれている考え方などの死を暗示している場合もあります。たとえば建物も半壊程度では、再建に時間がかかるもの。思い切って更地に戻したほうが、その後の建造がスピーディーに行なえるのです。

　番号の「13」は、キリストを裏切ったユダ（13番目の使徒）を暗示する数であり、イエスが処刑された日が13日の金曜であったことから、キリスト教的には忌避すべきものとされています。しかし13には深い意味があり、12で完結したサイクルを瓦解(がかい)させることで、さらなるオクターブの高い世界へと誘(いざな)う意味が込められているのです。

　キリストが死によって再生を迎えたという逸話も、13の意味する死と再生を象徴していると考えられます。白馬にまたがり、荒野を闊歩(かっぽ)する死神は、死に値するものを潔く手放すことによって、あなたにとって本当に価値あるものを手にするのだ、ということを告げているようです。

大アルカナ　13・死神

Card Reading　〜このカードが出たら〜

【正位置の場合】

　慣れ親しんだ考えや関係を終わりにするのは、苦痛が伴うものですが、現実的に言って、あなたの問いかけていることは、すでにあなたにとっては不要なことのようです。まだ希望があるかもしれない……そう思いたいのが人情ですが、すでに心は疲弊しきっています。無理に無理を重ねたところで、良い結果には結びつきません。あなたはこれまで多くの受難に耐えてきたのです。もう重荷を背負う必要はありません。

　人間は感情の生き物ですから、過去にこだわり、なかなか踏み切れないことも多いけれど、決断を遅らせてはならない時に至っていることを忘れないように！　しがみつけばつくほど、不毛な大地に足を取られ、再生の力まで失ってしまうかもしれません。心機一転ゼロからはじめるような心構えで、自分を励ましてあげましょう。勇気を出して手放せば、予想もしていなかった幸運の兆しが、間もなくやってくるでしょう。

【逆位置の場合】

　前に進めない閉塞的（へいそく）な状況にあることを暗示しています。抜本的な変化の訪れを待ちながらも、変わらないでいることを選ぼうとしているのかもしれません。まるで時から取り残されたかのように、心が過去の中でさまよっている可能性も……。現実を受け入れるまでには、まだ時間がかかるかもしれませんが、逃げずに受け止めたなら、停滞したこの流れを変えることが可能になります。恐れずに向き合ってください！

ひと言オラクル　変わるべき時が訪れています。人生には引き際というものがあるように、今が潮時なのかもしれません。これまでと同じやり方では行き詰まってしまうから、こだわっている問題や相手を潔く手放して。

XIV 大アルカナ 14 節制 Temperance

【Key Words】

正位置 バランス感覚、節度、節制、節約、堅実さ、順応する、管理する、統制、状況を把握してコントロールする、地位や名声を得る、友情や愛情に満ちた暮らし、健康管理、無理のない暮らし

逆位置 ミス、新しい展開が見えてこない、区切りをつけたいのにメドがつかない、模索、節度を失う、過度の欲求、バランスを欠いた生活、自分の殻にこもる、打開策が見つからない、過去のトラウマ

Story 〜カードに秘められた物語〜

杯の中の生命の水を、天使が器用に移し替えているこのアルカナは、調和的で穏やかな営みを象徴しています。頭上には光輪が輝き、正しい行ないがなされていることを暗示しているようです。足りないものを得ようとするのではなく、今あるものを生かすことの大切さを、天使は伝えているのかもしれません。欲望はとどまることなく肥大化していくものですが、謙虚さや、与えられているものの素晴らしさに気づくことができなければ、不毛な人生を歩まねばならなくなります。節度を保つことは美徳であり、究極的には、すべてを生かす道につながるのです。

番号の「14」は2と7の倍数。女性原理をつかさどる2と、宇宙の創造原理を意味する7の組み合わせで、「新しく生き直す」という意味がこめられています。ひとつ前の13「死神」で浄化されたエネルギーは、ここで再び生命力を得て、新たに本来の力を発揮していくのでしょう。

心のあり方を刷新することで、よりパワフルで高い意識の中で生きられるようになるということを、教えているのかもしれません。

大アルカナ　14・節制

Card Reading　〜このカードが出たら〜

【正位置の場合】

　バランスのとれた姿を表すこのカードは、調和的で、穏やかな状態であることを示しています。欲を言えばきりがないけれど、素敵な家族や友人、愛する人たちに囲まれて、何不自由のない暮らしを保っていることでしょう。そして、その徳を周囲にも分け与えようという、心の表れを暗示しています。人に社会に優しいあり方は、とても大切なことであり、殺伐(さつばつ)としやすい現代人にとって、なくてはならない美徳といえます。

　また、優れたバランス感覚や、機知に富んだ人格を表すことも。折り合いのつかなかった問題には、間もなく調停的な解決策が講じられるでしょう。心配はいりません。節度を保って生きることで、害や難を逃れ、平和で穏やかな暮らしを手にできるはずです。

　都会の喧騒(けんそう)から離れた生活や、自然賛歌、環境に優しい生き方や社会のあり方を暗示している場合もあります。

【逆位置の場合】

　何かが足りないという不足感や、満足できていない心理を表しているようです。自分さえよければいい的な考え方によって、問題を悪化させたり、金銭や人間関係のトラブルを暗示する場合もあります。あるいは、心身ともに疲労しきっていて調和を欠いた状態であり、すぐにも休養を必要としているかもしれません。エネルギーをムダに消耗している可能性が考えられますから、十分に注意したほうがいいでしょう。

ひと言オラクル　過剰な期待や欲は、身を滅ぼすワナ。今は節度ある考え方や生き方をモットーに、バランスを取り戻すことが大切です。得られていないと嘆いていたことも、形を変えてもたらされるかもしれません。

15 悪魔 The Devil

大アルカナ

【Key Words】

正位置　悪夢のような出来事から抜け出したい、暴力、破壊、堕落、嫉妬、周到さ、偽善的なふるまい、欺かれる、邪悪な考え、理性を失う、報われることのない愛、期待はずれ、悪循環

逆位置　悪徳、善的なものに背を向ける、背信行為、強情さ、無自覚な悪の行動、周囲を欺いても手に入れようとする、強欲、利己的、非情、誇りや常識にこだわらない、不純な動機、ぬるま湯から抜け出せない

Story 〜カードに秘められた物語〜

　光濃ければ闇また強しというように、この世のエネルギーを善と悪とに分類するならば、悪的な側面を象徴するアルカナ。伝統的に半人半獣の姿で描かれる悪魔は、人間の想像力が生み出した架空の存在ですが、恐れや不安、恐怖、本能や欲望に対する戒めの象徴でもあります。

　番号の「15」は、創造活動の調和・霊的な世界の完全性を表す3と、全体性を表す5の倍数。いうなれば究極的な完全数といえる15に、真逆の意味の悪魔が割り振られているのは、物事の完成のためには、正反対のエネルギーを意識する必要があるためなのかもしれません。

　坂を上るときは、注意や抑制の意識が働いたとしても、頂点を極めると、まるで魔が差すかのように、注意していたことから意識がそれて、崩壊へのサイクルが到来する……。悪魔のカードは、不完全である人間への警告ともとれるでしょう。正邪を併せ持つのが人間の性ゆえに、恐れや恐怖という形で、善なる意識を呼び覚ますように、悪へと堕ちることのないように、光に目覚めた状態へ導こうとしているのかもしれません。

大アルカナ 15・悪魔

Card Reading 〜このカードが出たら〜

【正位置の場合】

　最も受け入れがたいと思っていたことが、現実化しようとしているようです。できるなら避けたいと思っていたことや、信じたくない事実に、直面しなければいけないかもしれません。悪魔に象徴されるのは、弱さや我欲、報われることのない思いなど、バランスを欠いた状態や感情です。理性によって押し込められている負のエネルギーが、何かの拍子に表出し、不利な状態に陥ることも考えられます。過去のトラウマや、苦い思いがよみがえるような体験を、暗示していることもあります。

　しかし悪魔の暗示する悪は、意識してしまえば、その恐怖やマイナスの状況をプラスへ転じることが可能です。おびえて過ごせば不安が増すけれど、開き直って立ち向かうならば、悪魔は本来の天使の姿へとたちまち姿を変えることでしょう。恐怖や不安の種に、つらくても向き合ってください。恐れたり逃れようとしなければ、打開策は必ず見いだせます。

【逆位置の場合】

　現実に直面することを避けているか、何かがおかしいと感じながら、背徳的な考えに乗じている可能性を示しています。意識して行なう悪よりも、無意識に悪的行為に加担するほうが、ずっと罪が重いもの……。冷静な判断力を失っていないか、顧みる必要がありそうです。相手のためにと思っても、相手が求めていることでないならば、押しつけるべきではありません。強引に事をなそうとすると、失意に至ることも。

ひと言オラクル　行きすぎた行為や欲、考え方は、身を滅ぼすことにつながります。心の内に悪を宿すことのないよう、内面の浄化を！　また、あなたの足を引っ張ろうとする動きにも、注意したほうがいいでしょう。

16 塔 The Tower

大アルカナ

【Key Words】

正位置　急激な変化、不測の事態、破綻(はたん)、激変によってそれまで手にしていたものを失う、虚栄心がくじかれる、人生をガラリと変える喪失、損失、転機、ターニングポイント、失うことで真に価値あるものに気づく、魂の成長

逆位置　混沌(こんとん)として漫然とした状況、どうしてよいか分からずに惑う、事態の悪化に気づいていてもやめられない、終わった関係性にしがみつこうとする、突然の変化によって環境が変わる

Story ～カードに秘められた物語～

　ひとつ前の15「悪魔」の警告を無視した人間の欲望は、天の雷によって打ち砕かれ、塔から投げ出された人間は、真っ逆さまに地上へと放り出されんとしています。塔は、固定観念や意識の象徴であり、そこから投げ出された人間は、安住していた場所からの追放や、アイデンティティの崩壊を余儀なくされます。このアルカナはバベルの塔に重ね合わされることが多く、塔は人間のエゴや行き詰まり、落雷は天災や天罰などの意味づけをされてきました。しかし複雑な社会システムの中で生きる私たちにとっては、不測の事態によってシステムから投げ出されることで、真の価値ある生き方に目覚めることが、可能になる場合もあります。

　番号の「16」は2と8の倍数。8は物質と精神の両方のスピリットを宿す、永遠を表す数。8が2つ合わさる16は、極点から極点への移行を意味するとも考えられます。塔は偉大なターニングポイントであり、破壊の後には、必ず再生の時が訪れるように、この清算の試練を通して、さらに大きなチャンスがもたらされるのかもしれません。

Card Reading　〜このカードが出たら〜

【正位置の場合】

　恐れていた予感が的中したり、どこかで無理をしながら続けていたことが、突然のハプニングで崩壊するかもしれません。でも一連の劇的な変化は、自身の力では変えられなかったことを、天の大きな愛によって、魂を本道へと戻そうとする作用が働いているとも考えられます。もしかして、追うべき目標が間違っていたのかも……。この世にムダなことは何ひとつありません。理不尽で非情に思えることの中にも、大きな愛を見いだしたならば、苦境をチャンスに変えられます。

　塔のカードは、単純な崩壊や失意ではなく、魂が真の幸福に目覚めるために、小さな自我が打ち破られ、大いなる自己への気づきをもたらす出来事の暗示です。人生をガラリと変える喪失を通しての、魂の成長を示唆しているのです。流れに逆らわず、素直に事態を受け入れましょう。

【逆位置の場合】

　予期せぬ変化によって、否応（いやおう）なく環境が変わることや、そうと気づかぬうちに関係の終焉（しゅうえん）を迎えていることを暗示しています。もしかしたら、そうした現実を認められないまま、流れに逆らおうとしているかもしれません。でも、しばし困難な時期が続いたとしても、長い目で見たならば、より大きな幸せへと導かれていたと気づくことができるでしょう。短絡的な考えによって、判断しないように！　崩れゆく塔や沈みゆく船と運命をともにすることがないよう、十分に注意してください。

ひと言オラクル　自分を不幸だと決めつけない限り、絶望の淵に沈むことはありません。これが幸せ、という固定観念を捨て、すべての出来事を祝福しましょう。あなたは生まれながらに幸運を約束されているのですから。

※ 56ページに注釈あり

XVII 大アルカナ 17 星 The Star

【Key Words】

正位置　希望を見いだす、心に描いていたことが実現する兆し、未来に向けての一歩を踏み出す、自分の可能性に賭ける、魂の輝き、周囲を照らす希望となる、目標を手にするためのたゆまぬ努力、夢を叶える、インスピレーション

逆位置　夢見がちな態度、過大評価、誇張、叶わぬ愛や夢に酔いしれる、非現実的な夢、おいしい話、誘惑、危険な誘い、不満、理想と現実のギャップ

Story ～カードに秘められた物語～

　天空に輝く大きな星は、希望の象徴。ひとつ前の16「塔」で覆(くつがえ)された現実は、真の希望を照らしだすことに成功したようです。描かれた女性は、創造性・誕生・再生を意味し、すべてに生命を吹き込む存在を暗示しています。パンドラの箱が「塔」だとしたら、最後に残った希望は、この星に違いありません。障害や試練によって一度は失いかけた夢、勇気や希望が再び生命力を得て、旅人の人生を輝かしい光で照らそうとしています。希望は誰かにもたらされるものではなく、自らが見いだすもの。すぐには手が届かないような遠い場所に輝いていたとしても、光を信じて努力を続けることの大切さを、物語っているのかもしれません。

　番号の「17」は、新たな次元やより大きな可能性を表す10と、宇宙の創造原理を表す7が合わさった数であり、より高い次元での創造性の具現化を意味しています。真の希望は、決して奪われることも失われることもない、魂の輝きや生命力そのものによって存在しうるものだということを、伝えているのかもしれません。

Card Reading　〜このカードが出たら〜

【正位置の場合】

　幾多の試練の中であきらめそうになったり、投げ出しかけていた夢や目標があるのなら、もう一度チャレンジする機会が訪れるでしょう。歩みを止めない限り、無限の可能性の扉はあなたのために開かれ、迷うことなくゴールにたどりつくように、道を照らし続けているのです。たゆまず努力してきた自分自身を信じてください。幸福に背を向けて、もう二度と手に入らないなどと、落胆する必要はありません。

　未来が信じられなくても、夢半ばで力尽きてしまいかけても、アクションを起こし続けることが大切です。すべてがダメになってゆくように思えたとしても、希望は必ずあなたとともにあり、そばで見守り続けてくれています。そして「窮すれば通ず」というように、努力の果てに必ずや、希望を手にしていることでしょう。また、インスピレーションに恵まれる時であり、直感を信じた行動が成功をもたらす暗示もあります。

【逆位置の場合】

　あなた自身のものではない夢や目標に踊らされたり、自分の道を見失いかけている暗示です。もしかしたら、おいしい話や誘惑がもたらされていることも……。いずれにしても、真実から遠ざかっている兆しですから、注意が必要です。過大評価や誇張された話に流されないように、そして現実逃避のために夢を用いないように、気をつけましょう。また、あなたの夢や目標を、他人の手に預けたり利用させてはいけません。

ひと言オラクル　空に星が輝くように、どんなにつらいときでも、希望の光は必ずあなたを照らしています。心を強く持ちましょう。あなたの情熱に呼応するように光が、チャンスが降り注ぐに違いありません。

XVIII 18 月 The Moon

【Key Words】

正位置 一抹(いちまつ)の不安、移ろいゆく感情の嵐、悩み、トラウマ、家庭環境、隠しごと、因縁、落胆、克服すべき問題、深い内面性、深層心理、母性的な愛、感情に流されず真実を見極めることがカギ

逆位置 確かな手ごたえが欲しい、悩みを解決したい、隠されていたことが明るみに出る、不安が現実化する、対処を間違えなければ状況は好転する、苦悩の果てに真実を見いだす

Story ～カードに秘められた物語～

　満ち欠けする月は、古代より母性や女性性の象徴。占星術では月は不安や移ろいゆく感情、無意識を表します。満月の下ではすべてが均一に照らされ、光も影も輪郭が失われて、あたかも同一のものとして映し出されるように、問題となっていたことの側面が、浮き彫りになってきます。ひとつ前の17「星」に照らされた旅人は、月光の下で、内面と向き合うことになるのです。現れた障害が、実は心の内に潜む不安や悩みの投影、トラウマの顕現であったと知ることになるかもしれません。自分でも気づいていなかった心の暗部を垣間見(かいまみ)ることは、本当の意味で恐れを克服し、より強い自我を獲得するために避けては通れない道です。

　番号の「18」は2と9の倍数。2は女性原理をつかさどり、9はすべての因果を受容して、次のオクターブへ移行する直前の完成を表す数。究極の目的を達成するために、旅人は自らの恐怖や不安に直面し、克服することを課されているのです。悩ましげな月の明かりは、魂の旅の礎となる自己をものにせんことを、祈り導いているのかもしれません。

Card Reading　〜このカードが出たら〜

【正位置の場合】

　そこはかとない不安や恐怖が、心に影を落としているようです。予期せぬ障害や困難に落胆したり、動揺しているのかも。状況のコントロールが難しく、流されそうになっていたり、不安な心をもてあましている気配もあります。けれども月が太陽の反射で輝くように、不安の正体は、深層にある心のシャドー。このカードが現れたということは、今こそ過去のあなたを超越すべき時なのです。

　無意識を象徴する月は、あなたが主体性を取り戻せば、困難を克服することができると伝えています。コンプレックスやトラウマに関する問題が浮上しているのなら、その影響力から脱することがテーマです。

　あなたの心の主はあなた自身。力強く立ち向かったなら、この状況が過ぎ去ったとき、迷いや不安、悩みが徒労であったと気づくでしょう。

【逆位置の場合】

　最も恐れていた状況や、見たくなかった現実に直面することや、隠された事実が明るみに出ることで、悩みや不安に駆りたてられる暗示です。愛情問題では、確かな手ごたえが欲しいのに、状況は悪化する一方で、報われない気持ちに、さいなまれるかもしれません。大切なのは問題そのものではなく、満たされない思いの原因がほかにあると気づくこと。相手や環境のせいではないと認めるのは難しくても、不幸の理由を外に求めなければ、悩ましい状況はすぐにも好転するでしょう。

ひと言オラクル　受け入れがたいことを受け入れるのは難しいけれど、感情的な反応によって悩みを深めるほうが、弊害が大きいのです。心を穏やかに健やかに保ってください。不安や不遇をはね返すことができるはず！

19 太陽 The Sun

大アルカナ

【Key Words】

正位置　潜在的な可能性、輝かしい成果、成長、インナーチャイルド、繁栄、事業の発展、展望が開ける、幸福、栄光、純真無垢、活動、発展的で幸福な展開、自己信頼、情熱が喚起される、生命力が高まる、栄華、幸運、満ち足りたひととき、喜び

逆位置　エネルギー不足、実力を発揮できない、無防備すぎる態度、意志薄弱、期待がはずれる、計画性の無さや無謀な行動によって失敗する、エゴに振り回される、方向性が見いだせない

Story 〜カードに秘められた物語〜

燦々と輝く太陽は、生命エネルギーの源。占星術では、輝ける自己を象徴しています。ひとつ前の18「月」で、恐怖心や負の感情と向き合った主人公は、自己矛盾や内面的な試練を乗り越えて、純粋な魂の輝きを取り戻します。命あることの喜び、究極の自己を表すこのアルカナは、幻惑や不安を克服して、自己の本質との結びつきを回復し、真のリアリティーを獲得した状態を暗示しています。子どもが無邪気に自然体で生を享受するように、今という瞬間に直結して生きるということ。観念的な思考や通俗的な価値観によって、押し込められていた自己の本質は、自己鍛錬の過程で息を潜め、成長と目覚めを待ち望んでいたのでしょう。

番号の「19」は、はじまりであるとともに終わりを暗示する数。深い内省を経て、人生を拡大発展させる数です。あくなき欲求の追求の果てに、生命の本質からかけ離れ、形式的で不毛な人生を築きかけていた主人公は、悩み抜いた果てにエゴを脱却し、太陽の創造的なエネルギーと一体となって、輝く世界へと歩み出そうとしているのかもしれません。

Card Reading 〜このカードが出たら〜

【正位置の場合】

　長い冬のあとに春が訪れるように、苦難の時は過ぎ去り、魂と肉体は喜びにあふれた充足を取り戻します。決して見失うことのない真の自己を、人生の目的と意味を感じ取るかもしれません。あなたの行く手は光に照らされています。不安や苦悩は、真の自己と人生の意味に気づくために、必要なプロセスだっただけのこと。あなたは可能性に満ちた状態であり、未来の展望は大きく開けています。太陽の光を浴びて植物が育つように、あらゆることが好転し、良い状態へと導かれるでしょう。

　人間関係では、本音でコミュニケーションを。真意に沿って生きるならば、太陽のように周りを勇気づけ、活力を与える存在となれるでしょう。あなたの喜びが、周囲をも幸せにする潮流となり、満ち足りた人生への扉を開くのです。目標があるならば、全力を尽くしてください。才能が開花したり、予想以上の結果を受け取ることができるでしょう。

【逆位置の場合】

　本来の能力を発揮できないもどかしさや、身に余るほどの幸福に気づけていないために、満たされないでいる状態を暗示しています。もっとできることがあるはず、もっと役に立ちたい……と思っているのに、環境のせいか、あるいは自信のなさのせいでか、あなたの能力が生かしきれていないのかもしれません。また、望みを放棄することによって、真の価値ある目的に気づける可能性も示唆しています。

ひと言オラクル　あなたはあなたが思っている以上に素晴らしい存在です。心から楽しいと思えること、幸せに感じることを大切に！　喜びはさらなる喜びをもたらし、活力に満ちた人生を歩むことができるでしょう。

※ 56ページに注釈あり

XX 大アルカナ 20 審判 Judgement

【Key Words】

正位置 意識の変革が起きる、復活、復興、社会貢献、真価を発揮する、クリアな意識、使命を見いだす、過去を捨て去り新たな次元で生き直す、世直し、天変地異による不遇から新たな人生を歩みはじめる、過去の苦しみ、傷ついた心の回復、再結合

逆位置 逆境が長引く、再起不能な状況、失意、幻滅、後悔や無念な思い、心の弱さ、夢や目標をあきらめる、失恋、方向転換を強いられる、不況、苦境、過去に縛られて身動きできない、不信感

Story 〜カードに秘められた物語〜

　大天使が黄金のラッパを吹き鳴らし、地中に眠る人々を覚醒(かくせい)へと導く姿が描かれたこのアルカナは、聖書の記述にある「最後の審判」に結びつけて考えられてきました。不毛な大地が象徴する、それまで価値が見いだされていなかったことに、生命の息吹が吹きこまれ、新たな次元で生きるべく、人々が覚醒していく姿を表しています。

　番号の「20」はより高い次元でのはじまりを表す数。まったく新しい形で再生していくさまを示唆します。主人公は長い旅の途上、幾多の困難に遭遇し、夢破れて絶望のふちをさまよい、命が尽きてしまうほどの苦しみを味わったのかもしれません。荒野で、何もかも失った悲しみと苦悩を耐え忍んでいたのでしょう。希望のかけらもない最悪の状況の中、彼はあきらめの境地で、人生のすべてを受け入れます。その瞬間、彼の意識は解き放たれ、すべてを肯定する超越的な意識の目覚めに至ったのです。突然に降り注いだ天からの祝福は、絶望をくぐり抜けた者だけに与えられる、再生のチャンスといえるかもしれません。

Card Reading 〜このカードが出たら〜

【正位置の場合】

　内面的な覚醒を暗示しています。つらく悲しい出来事や、八方ふさがりの心境など、最悪の状況の中で、魂が生まれ変わるような意識の変革を迎えているかもしれません。喪失や絶望的な破綻、災害など、想像を絶する苦しみに遭い、それでも「生きていて良かった」と思えるような体験を表していることも。人生では、生きながらに生まれ変わるような瞬間を経験することがありますが、まさにそういう状態。何も助けがないような不安や孤独、恐怖に駆られていても、あなたがこれまでエネルギーを傾けてきたすべてに、新たに生命力が吹き込まれてゆくでしょう。

　もう大丈夫、あなたの純粋な魂を見守ってきた天使は、再起へと導いてくれています。逆境を乗り越えた復活の時……。このカードは、人生がまったく新しいスタートに立つときに現れます。過去の問題や感情は早々に手放し、すべてに感謝を捧げれば、状況は好転していきます。

【逆位置の場合】

　予想以上の困難に足を取られたり、それまであなたを支えてきた価値観や、大切な何かを失って、苦悩する姿を暗示しています。期待や楽観視していた事柄は、予期せぬトラブルに遭うかもしれません。期せずして、方向転換しなければならない状況に陥ることも……。痛手を負うことは避けられないかもしれませんが、心のあり方を変革することが重要です。こだわりや執着を捨て去れば、悔いが残る結果にはならないはず。

ひと言オラクル　いかなる苦境も永遠に続くことはないように、光が差し込む再生の時を迎えています。生かされていることへの感謝を忘れず、未来を信じて力強く大地を踏みしめ、再スタートを切りましょう。

大アルカナ

XXI 21 世界 The World

【Key Words】

正位置　完成と統合、達成、完全性、願望成就、制限やとらわれからの解放、調和、至福、歓喜、ライフワークを見いだす、夢や理想の実現、最善の状態、社会的評価を得る、ユートピア思想、秩序の回復、栄光、勝利、世界平和、最高水準、記録の更新

逆位置　スランプ、不満足な結果、苦渋、あと少しのところで挫折を味わう、未完成、絶望感にさいなまれる、先行きが不透明、疲労困憊、低迷、虚脱感、落胆する、目標の再設定が求められる

Story ～カードに秘められた物語～

　天空に浮かぶ月桂樹（げっけいじゅ）と花々の輪の中で舞う、輝く女神の姿が描かれたこのアルカナは、すべての物事の完成を象徴しています。幾多の試練に遭いながらも、くじけることなく乗り越え、大きく成長した主人公の長い長い旅は、ようやく大団円を迎えたのでしょう。行きすぎた欲求、誤った考えや失敗、自己矛盾や苦悩、つかの間の喜びや愛、煩悶（はんもん）したすべての経験が統合され、新たな人格が誕生した状態を暗示しています。

　番号の「21」は、創造活動の調和を表す3と、ひとつの周期の完了を表す7の倍数であり、創造活動の完成を意味しています。祝福と生命の歓喜を表すこのアルカナは、まったく新しい世界の顕現を予感させます。

　主人公は、もはや旅のはじまりの無邪気で未熟な状態ではなく、生命の根底に流れる無限の愛を知ったのです。精神の大いなる目覚めを体験し、ようやく本当の目標や使命を見いだしたのかもしれません。新たな世界が彼の眼前に広がっています。四大元素の象徴に見守られ、歓喜のダンスを踊る女神は、輝きに満ちた世界を祝福しているようです。

Card Reading　～このカードが出たら～

【正位置の場合】

　あなたの行く手を阻むものは消失し、目標に邁進する勇気と希望にあふれています。天の意思と一体となって、不可能を可能にする偉業を成しとげようとしていることも……。あなたが類まれな才能を発揮し、支援や称賛を得て、最高の状態で夢を実現させることを物語るカードです。取り組んでいる企画は、素晴らしい成功をもたらすでしょう。また、パートナーと新しい人生を、世界を築いてゆく決意をするかもしれません。

　前例がないからといって臆することなく、自己を信頼して追求し続けてください。「世界を変える」というと大げさに聞こえるかもしれませんが、個々の努力と魂の成長が、いずれは世界を変えるほどのエネルギーになるのです。現実の壁を突破して、社会をより良くしていく理想の追求こそ、私たちに与えられた輝かしい生の営みといえるでしょう。

【逆位置の場合】

　自己信頼の欠如や、今ひとつ不安がぬぐい去れない状況を暗示しています。あと一歩のところで挫折感を味わったり、スランプに陥るかもしれません。また、脱力感や、疲労から身体的な不調を感じていることも。あなたの夢や目標は未完のままかもしれませんが、もう一度原点へと立ち返り、志を新たにすることが大切です。努力のしかたが間違っていただけですから、あきらめに駆られて夢を人生を放棄しなければ、最高のチャンスを手にする日がいずれ必ず訪れるでしょう。

ひと言オラクル　かつて抱いた希望の種はしっかりと大地に根差し、素晴らしい実りをもたらそうとしています。天からの祝福ともいえる栄誉を受ける時の訪れ。あるがままで生きることが、すべてを可能にするカギです。

（注釈）

※運命の輪（P32〜33）
　このカードには、正しい意味での正逆はありません。運命の輪のメッセージは、正逆を含めて、置かれている状況や現実から読み解くことが重要です。いかなる状況も、変転していく時の流れには、個人の運命を超えた大いなる働きが作用しています。天変地異や社会情勢などの影響によって運命が左右されることもあるように、どのような形であっても、浮き沈みに惑わされず、すべからく人生を生き抜く力を養うことが大切なのです。上昇の時期には下降に備え、下降の時期にはチャンスをつかめるよう磨きをかけ、運命の輪に翻弄されないように。いかなる時にも対応できる柔軟性を培うことが、運命をものにする生き方といえるでしょう。

※塔（P44〜45）
　このカードは正逆ともに、破綻や崩壊、突然の変化を暗示していることに変わりはありません。時間的経緯でいうと、正位置はその衝撃がよりダイレクトで厳しいものとされ、逆位置は変化の後の再生に焦点が当てられています。どちらが軽いとか重いということではなく、変化の折には抵抗せず、速やかにすべてを受け止めて、柔軟な姿勢で新たな道を切り開いてゆく姿勢が大切です。それが後になればなるほど問題は悪化して、転身のチャンスを逃す恐れもあります。

※太陽（P50〜51）
　太陽の意味する自己は、とても個人的な世界を意味しています。喜びや幸福感が個人的なものであるように、自己の目的もそれぞれに異なり、顕現する世界はさまざまでしょう。だからこそ、真の自己は揺るぎないものであり、その本質は、失うことも破壊されることもありえません。人生の途中で、幾多の困難や試練に遭遇したとしても、内的調和を再発見することで、本質的な自己を見いだし、真の意味で自己と一体となって、喜びに満ちた人生を歩みはじめることができるのです。ある意味では、そこからが本当の人生のはじまりといえるのかもしれません。

第 2 章

小アルカナカード解説

小アルカナカードとは……

　タロットデッキの中で、最もポピュラーでベーシックな大アルカナカード 22 枚に対して、小アルカナカードは 56 枚と枚数も多く、「読み解き方が難しい」「面倒な気がする」という気持ちから、「あまり使ったことがない」「よく分からない」という方もいらっしゃるかもしれません。
　ですが、小アルカナには、大アルカナにはないショートストーリーがたくさん織り込まれており、たとえるならば、タロットを 1 冊の本とすると、大アルカナの各カードは「第 1 章」「第 2 章」などの大きな「章立て」にあたり、小アルカナは、その章立ての間に存在している、トピックス的項目のようなものなのです。
　大アルカナは大枠として、大きな意味での「方向性」を示し、小アルカナは、その間の「詳細な具象」を表したものだと考えるといいでしょう。
　小アルカナには、ワンド（杖）、ペンタクル（金貨）、ソード（剣）、カップ（聖杯）の 4 種類があり、以下の 4 つのエレメントに分類されます。

小アルカナの 4 つのエレメント

ワンド（杖）　WAND ……………………＜火＞ 情熱、冒険心
ペンタクル（金貨）　PENTACLE ………＜地＞ 金銭、現実感覚
ソード（剣）　SWORD …………………＜風＞ 知性、理性
カップ（聖杯）　CUP ……………………＜水＞ 愛情、感情

　さらに各エレメントは、それぞれ 14 枚のカードで構成されており、4 枚の「コートカード」と、10 枚の「スートカード（数札）」が存在します。コート（Court）は宮廷を意味し、スート（Suit）は小アルカナの 4 つのエレメントのことです。

【コートカード】

コートカードには、キング（王）、クイーン（女王）、ナイト（騎士）、ペイジ（王子）の4種類があります。

キングはエレメントの男性的側面、クイーンは女性的側面、ナイトはそのエレメントを良い形で表現している、英雄的側面を表しています。この3人は、そのエレメントの本質をすでに理解・体得している状態です。

それに対してペイジは、可能性はあるけれど、まだ何もなしていない状態を表します。そのエレメントの要素を持っているけれど、それをどう扱っていいのか分かっていない「可能性のかたまり」のような状態です。ペイジは日本語では「小姓」「従者」などと訳されていますが、身分に縛られるようなニュアンスがあるので、このタロットでは、可能性を秘めた「王子」としています。

【スートカード】

1〜10までの数が割り振られたカードで、主人公のペイジ（王子）が、そのエレメントが表すものを学びとっていく道筋を表しています。

つまり火の王子、地の王子、風の王子、水の王子——4人の王子のそれぞれの旅路が描かれているのです。スートカードの中でも、はじまりを表す「エース(1)」は、そのエレメントが象徴する概念を、最も純粋な形で表しています。

WANDS 小アルカナ ワンドの王 King of Wands

【Key Words】

正位置　理想の追求と実現、孤独に耐える、強い精神力、信念、克己心、指導力、正義感、忍耐力、重要な出会い、展望が開ける、復権、目標達成、決断力、勇敢さ、影響力のある人物

逆位置　孤独な戦い、厳格さ、誰も頼りにならず孤軍奮闘する、やらねばならないことに追われる、現状を維持するのが困難になる、独断と偏見に満ちた人物や態度、過干渉、計画が遅延する

Story 〜カードに秘められた物語〜

　理想の王国を築くために、炎の化身であるワンド（杖）を手にした王は、数々の試練を乗り越えてきたのでしょう。しかし彼の眼差しははるか遠くに向けられ、いまだ理想を追求し続けている姿を物語っているようです。あるいは、理想を追求するために、多くの犠牲を払ってきたのかもしれません。指導者であり続けるには、孤独に耐えねばならぬとでも言うように……。

　たとえ臣下の者や周囲からは理解されなかったとしても、貫かねばならぬものがあるのでしょう。凛としたその姿は、隙のない様子をうかがわせます。今ここにはない理想の実現を、ただひとり、彼だけは信じ続けているのです。独立独歩の精神や、揺るぎない信念の強さが、最後には不可能を可能にする力となることを、彼の魂は知っているのでしょう。

　気高い目標を胸に、現状に甘んじることなく理想を追求し変革していくことが、ここでのテーマといえます。

小アルカナ　ワンドの王

Card Reading　〜このカードが出たら〜

【正位置の場合】

　今ここにはない大きな理想に向かって邁進している時。とても情熱的で、困難をものともしない強さを秘めたあなたは、夢を実現すべく努力している最中かもしれません。あるいは、新しいビジネスや企画を成功させたいと望んでいることも。たとえ理解者がいなかったとしても、あきらめてしまわない限り、理想はいずれ実現する時を迎えるでしょう。正義感が強く、燃える情熱を持った人物を表している場合もあります。

　健康面では、睡眠を削ったり、無理を続けている場合も考えられます。少しの時間も惜しんで、理想や目標の達成のために、エネルギーを傾けたい時期なのかもしれませんが、たまには心身を休めるようリフレッシュしたり、癒しのひとときを持つように心がけましょう。思いがけず、新たなひらめきを得るかもしれません。

【逆位置の場合】

　やるべきことに追われて疲労困憊しているか、思いがけない邪魔が入って、困難な状況に陥っているかもしれません。苦々しい思いをしたとしても、そうした障害があるのは、あなたの夢や理想が本物であるか、そうではないのか、試されている証。妨害に屈することなく果敢にチャレンジすることで、突破口が開けてくるでしょう。気が滅入るような出来事が起こったり、弱気になることがあっても、くじけずに前進することが大切です。

ひと言オラクル　あなたの前に道はなく、あなたの後に道ができる。孤独を感じるのは、前人未到の地平を目指しているからこそ。信念を貫いて、今の取り組みをやりとげましょう。あなたの望む成功はその手にあります。

WANDS 小アルカナ ワンドの女王 Queen of Wands

【Key Words】

正位置
信念、正義感、復権、理想主義、女性上位主義、誠実、献身的で実直な人物、計画、野心、再構築、成功がもたらされる、予定通りに進行する、転職・独立がうまくいく、新たな可能性を模索する

逆位置
頑なな態度によって敵をつくる、努力が徒労に終わる、別れ、ストレスや不満がたまる、環境になじめない、理解者がいない孤独を感じる、傲慢な態度、自己過信、希望を失う、不安が増す

Story 〜カードに秘められた物語〜

　成功の確信……。やみくもに努力をしたところで、実りは少ない……才気に満ちた女王には、彼女にしか分からない策があるのでしょう。予断を許さない姿勢の王に比べると、その表情には余裕が感じられます。

　王国を率いてゆく責任感と、女性ならではの直感が、彼女にそこはかとない威厳を与えているのでしょう。

　パワフルでありながら、寛容な態度で玉座に鎮座する女王は、間もなくやってくるであろう朗報を、期待して待っているのかもしれません。野心的でありながら、表立って行動するわけではなく、さまざまな策を講じて、成功を確信している姿を暗示しているようです。

　確実な成長や目的を達成することを、前もって感じ取っているとき、そのイメージは必ず現実のものになるということを、ワンドの女王は熟知しているのでしょう。そして、揺るぎない態度と信念の強さが、勝機をもたらすカギとなることも……。

Card Reading　〜このカードが出たら〜

【正位置の場合】

　あなたが最初に目標に掲げたこと、妥協しないで人一倍努力してきたことの成果が現れる兆し。迷いや不安がなかったといえばウソになるけれど、「妥協しなくてよかった！」と思えるときが、間もなく訪れるでしょう。キャリアの向上や、ビジネスの成功、昇進、人生を変えるような出会い、願望を叶える(かな)チャンスが待っています。

　あなたが孤独の中で悩み、それでも自身を信じて、揺るぎない信念を貫いてきたからこそ、祝福が降り注ぐのです。もしも、まだ光が感じられなかったとしても、方向性を変えたり、夢をあきらめることのないように！　あなたが心底願うものを、引き寄せるパワーは健在です。未来を信じて、意欲や情熱の炎を燃やし続けてください。栄光の女神は、あなたのために素晴らしいチャンスを用意していることでしょう。

【逆位置の場合】

　利己的な考えや、策におぼれることへの危険を暗示しています。予定通りに進んでいたことが、思わぬトラブルによって終わりを迎えたり、よりどころだったものや関係性が刷新されるかもしれません。いずれも、うぬぼれや強すぎる自己過信が、マイナスに作用することを示唆しています。心当たりがあるときは、他者への思いやりや、自分を抑えることを心がけて、災難を未然に防ぐようにしましょう。嫉妬(しっと)や邪推、猜疑心(さいぎしん)にとらわれないように、心を純化することが大切です。

ひと言オラクル　確信を持ってトライすれば、最後にはイメージ通りの結果を受け取れるもの。外野の声に振り回されず、己を信じて！　精神力が試されるときこそ、揺るぎない自分を持ち続けることが大切です。

WANDS 小アルカナ ワンドの騎士 Knight of Wands

【Key Words】

正位置 新たな旅立ち、前進、人生の岐路、キャリア上の願望や目標を達成する、立身出世、難局を乗り切る、有利な展開、飛躍、躍進、予測していなかった変化が最良の結果をもたらす、重要なパートナーが現れる、問題は解消しより良い状態になる

逆位置 争いごと、人間関係で衝突する、口論、不和、話し合いの決裂、努力の割に成果がみられない、離縁や別離、失望の多い関係、決断は時期尚早、プレッシャー、現状突破できない、足止め

Story ～カードに秘められた物語～

白馬にまたがり、勇ましく出陣せんとする騎士の姿が描かれるこのアルカナは、理想の追求や、人生における門出を暗示しています。彼は立身出世すべく、今度の戦に賭けているのかもしれません。

あるいは勝利をものにして、以前から心を寄せていた愛する女性を、獲得しようと考えているのかも……。

いずれにしても勝てば官軍、負ければ賊軍となるだけでなく、下手をすれば命を落とすかもしれません。また無事に帰還できても、その地位を失う恐れもあるのです。彼は重要な人生の岐路に立ち、予断を許さない状況の中で、真価が問われることになるのを十分に理解したうえで、進軍しようとしています。高い理想や目標を掲げても、行動せねば獲得できないからこそ、立ち向かっていかねばならないのだと……。

彼はこの戦いに正面から挑み、自分の内にある敵に打ち勝って、難局を乗り切り、思い描いていた理想を手にすることでしょう。

Card Reading　～このカードが出たら～

【正位置の場合】

　あなたの胸に、熱い情熱の炎が宿っているようです。今までぼんやりと思い描くだけだった夢や目標に、いよいよチャレンジしようとしているのかもしれません。環境や人生を改善しようと、転機を迎えているケースもあるでしょう。ただ与えられるだけの人生には喜びは少なく、自ら獲得してこそ、本当の手ごたえのある人生を歩むことができるのですから。

　迷いがあるのなら、退路を断っても前進したほうが、実りある人生を成功を手にできるに違いありません。甘えや優柔不断な態度を改めて、今こそ前進すべきだと、このカードは告げています。

　かねてから考えていたプランがあるなら、すぐに実行に移したり、冒険することで道が開けるでしょう。キャリアアップや独立、自己実現が有利に運ぶことを暗示しています。

【逆位置の場合】

　理想に燃えるあなたの意に反して、現状は厳しい状況であることを暗示しています。関係の悪化やトラブルなど、努力すればするほど足を取られるような困難に遭うことも……。また、収束したと思っていた問題が再燃するなど、思わしくない出来事が続くかもしれません。気分的にも精神的にも疲労し、エネルギーがムダに消耗されているように感じられるかもしれませんが、今はもがくよりも、少し距離を置いて静観したほうが解決策が見つかるでしょう。無理にどうこうしないほうが得策です。

ひと言オラクル　最初の一歩を踏み出すのは勇気がいります。でも後悔するのは、たいていチャレンジしなかった事柄に関してなのです。結果はどうあれ、まずはトライすれば、夢を現実に変えてゆく力になるでしょう。

WANDS 小アルカナ ワンドの王子 Page of Wands

【Key Words】

正位置 希望に満ちている、可能性の塊、将来を有望視される、変化を求める気持ち、しがらみから解放されたいと願う、才能を開拓する時期、あらゆる選択肢の中から進路を決断する、コネや人脈に恵まれる、アイデアやプランがあふれてくる、棚ボタの幸運

逆位置 予想以上の困難に遭遇する、不安定な立場、優柔不断、人や情報に振り回され結果的にうまくいかない、過剰な期待を受けプレッシャーに負けそうになる、アテがはずれる

Story 〜カードに秘められた物語〜

このアルカナは、未来への希望を象徴しています。王子はこの先何を目指し、どう成長をとげてゆくのでしょうか……。彼自身、自分に秘められた可能性に気づいていないかもしれませんが、将来を期待された存在であることは間違いありません。

今はカゴの中の鳥のように、すべてを与えられ、何不自由ない暮らしをしていても、時が訪れたなら、彼自身の使命を見いだし、理想を実現すべく道を切り開いてゆくことでしょう。今は、その前段階のつかの間の平安や、自分の才能を発掘している時期なのかもしれません。

彼の背景に描かれる地平と山々の連なりは、彼が切り開くステージを、いずれ乗り越えねばならない試練を暗示しているとも考えられます。手にしたワンドをじっと見つめる王子は、彼自身の内なる心と対話をしながら、己の進むべき道を模索している最中でもあるのでしょう。胸の内で熱く燃える情熱を頼りに、これから幕開ける人生のステージを楽しみにして……。

Card Reading　〜このカードが出たら〜

【正位置の場合】

　眼前にはあらゆる可能性が開けているようです。新たなことにチャレンジしたいと考えていたり、趣味や才能に磨きをかけたり、独立の道を模索しているかもしれません。物事がスタートする直前の希望や、夢にあふれた時期を示唆していることもあります。まだ何もはじまっていないからこそ、夢は大きく描いたほうがいいのです。選択肢は無限にあり、決断次第で道が開けてゆくのですから。人生の第二ステージに至っている人は、過去をリセットして方向転換する時が訪れている場合も。

　いずれにしても、ここで何を選択するかによって、未来は確実に変化し、プランや願望を実現すべく、さまざまなチャンスが訪れるでしょう。まったく未知の分野へ踏み出したり、経験のないことにトライすることで、気づいていなかった才能が汲みだされる可能性もあります。

【逆位置の場合】

　事態の悪化や遅延、予想に反する出来事を暗示。はた目には恵まれているように見えていても、内面ではさまざまな葛藤に悩まされているかもしれません。周囲からの期待がプレッシャーとなっていることも……。正位置では、精神的・内面的な充足に焦点が当たっていますが、逆位置では、その反対の事柄を示唆しています。期待ははずれやすく、苛立ちや不満を抱えることもあるでしょう。優柔不断や人任せではうまくいきません。自己の可能性を信じることが、状況を好転させるカギ。

ひと言オラクル　気づいていないかもしれませんが、あなたには素晴らしい才能や能力が秘められているのです。理想や志を高く掲げ、才能の発掘にエネルギーを傾けて！　世のため人のため力を使う日が訪れます。

小アルカナ

ワンドのエース Ace of Wands

【Key Words】

正位置　希望に燃える、創造、誕生、出発、発明や発見、開発、事業展開、発展させる、道を切り開くアイデアや行動力、幸先の良いスタート、野心、願望や目標への第一歩を踏み出す、エネルギーにあふれた状態、未知の分野を追究する

逆位置　自信がグラつく、意欲が減退する、希望が実現しないのではないかという不安を抱く、物事のマイナス面がクローズアップされる、不信感、うまくいかない恋愛、やることがムダになる恐れ

Story 〜カードに秘められた物語〜

　天空に現れた大きな手に握られた巨大なワンドは、火のエレメントを表し、創造の根源的なエネルギーを象徴しています。古来、人類が火を用いることによって文明を発展させたように、火には創造の原初的なパワーが宿っているからなのでしょう。

　主人公は、ギリシャ神話に語られるプロメテウスが、神々から奪い人類にもたらした、創造の炎の灯を託されたのかもしれません。自由に創造力を発揮して、この世に理想の世界をもたらすために……。彼の中でもまた、情熱の炎が燃えていることでしょう。

　エース（1）は、すべてのはじまりを表す数であり、創造の力そのものを意味します。しかしながら、暖炉やストーブで穏やかに燃える火もあれば、すべてを焼き尽くすような劫火もあります。人の心の内で燃える情熱の炎もあれば、嫉妬の炎もあるように、火にも多様な側面があるのです。火のエネルギーは絶大であり、その使い方を誤ることのないように、主人公は自らを律して、この先の旅路で学んでゆくのでしょう。

Card Reading　〜このカードが出たら〜

【正位置の場合】

　これまでの生き方や自分の殻を打ち破り、新たな人生に向けて歩み出そうとしているか、革新的なアイデアを実現させたいと望んでいるかもしれません。このカードは、希望に満ちたスタートや幕開けを暗示しています。あなたの内に宿る希望や、燃える情熱の炎を消してしまうことのないように、理想を目指してチャレンジしてください。

　火は燃えはじめよりも後になるほど、勢いが増すものです。あなたの目標は、誰からも理解されなかったり、不可能に思われたりするかもしれません。でも積極的に行動していけば、いずれ支持を得られたり、飛躍へとつながることでしょう。周囲をもやる気にさせるだけのパワーが、あなたにはあるのです。未来を案じたり、失敗を恐れないで、取り組むことに意義を見いだすことが重要です。結果は後からついてきます！

【逆位置の場合】

　進歩的な考えが理解されなかったり、強引に推し進めようとしても、反対に遭うことを暗示しています。孤独な立場に立たされたり、乗り越えなくてはならない試練に直面することも……。今は感情的になったり、自分だけで事をなそうとしないほうがいいでしょう。信頼できる人にアドバイスを求めたり、周囲の意見を尊重したほうが、問題をクリアできるはず。無謀なチャレンジも避けるように。ワンドのエースは、生命の原初のエネルギーそのものだからこそ、使い方を誤ってはならないのです。

ひと言オラクル　希望の灯を大きく燃えあがらせて、新たなスタートを切る時機を迎えています。社会常識や観念に縛られて、旅立ちを遅らせることのないように！　前進し続けることで、真の喜びを手にできるはずです。

WANDS 小アルカナ ワンドの2 Two of Wands

【Key Words】

正位置
壮大な計画、理想を手にするために決断する、二者択一、理想と現実のギャップを埋める努力、社会的・キャリア上での成功、自己の立場を確立する、新たなプランや事業計画の展開、発展的な考えによって周囲にも恩恵をもたらす

逆位置
ハプニングがチャンスに変わる、ダメになったと思っていた関係が復活する、予定通りに進まないことで危難を免れる、拍子抜けする出来事、過剰な期待をするとアダになる、喪失や困難による成長

Story 〜カードに秘められた物語〜

　この世は常に移ろいゆくものなれど……。過去に成しとげた栄光を背に、主人公はこれから切り開いてゆく世界に意識を集中しているようです。過去に築いた王国はプロセスにすぎず、眼前に広がっている世界が暗示する未来だけが、彼を突き動かす原動力となっているのです。左手にワンドをつかみ、右手に世界を乗せた彼は、現実を踏まえたうえで、新たな目標に向かって理想を追求しようとしているのでしょう。

　番号の「2」は、受容的で女性性を表す数であり、1ではじめた活動を育（はぐく）む意味もあります。彼はひたすら突き進むだけの時期を終えて、志を新たにしたのかもしれません。火のエレメントを象徴するワンドでは、活動や理想に焦点が当てられています。一見すると歩みを止めているようで、内面では活発な精神活動をしているのです。現状に甘んずることなく、高い志や理想に向かって努力を続ける、強い意志と秘められた野心が、彼の姿から感じられます。彼の王国は健在ですが、使命を全うするためには、まだまだこれからが本番というところなのでしょう。

Card Reading　〜このカードが出たら〜

【正位置の場合】

　これまでの努力は、それなりの成果を挙げているようです。現状に大きな不満はなくても、もっとできることがあるはず……と、自分を鼓舞しているかもしれません。確かに、あなたがやるべきこと、なしとげられることは、まだまだあります。今手にしていることのすべてに感謝して、さらに発展させるために、心を砕く時に至っているのです。

　それが周囲にも利益や幸福をもたらすことならば、自分自身を奮い立たせて、目標を再設定しましょう。続ける意思のない事柄に関しては、速やかに立ち去るように！　もっと成長させたい、全身全霊を捧げて取り組みたいと思うこと以外は、ふるいにかけたほうがいいでしょう。すべてを満たすことはできなくても、あなたにしかできないことをなしとげるために、あなたはこの世に生を授かっているのです。

【逆位置の場合】

　突然の変化や、予想していなかった出来事によって、望んでいたものを手にする兆しです。場合によっては、あなたの望んでいた形ではないかもしれませんが、結果的には最良のものが訪れるでしょう。計画通りではないハプニングによって、一時は騒然としても、結局事業が拡大することになったり、求めていた相手ではない人と結ばれることも……。理想や形にこだわらず、訪れるものを受け入れる心のあり方が、あなたを幸せへと導きます。

ひと言オラクル　多くの可能性の中から選び取ったことを、これから発展させる時期を迎えます。多少の迷いや不安は機動力に変えて、現状に甘んじたり過去を振り返らずに邁進しましょう。行く手は大きく開けています！

WANDS 小アルカナ ワンドの3 Three of Wands

【Key Words】

正位置 やりがいや生きがいを見いだす、信念の強さが求められる、ビジネスセンス・先見の明がある、実りのある計画に着手する、正しい方向に導かれる、夢に向けて新たな挑戦をはじめる、旅立ち、創造的な活動が成功する、尊敬される人物

逆位置 穏やかな関係性、後ろ髪を引かれる思いを振り切り前進する時、混乱していた出来事が収束する、多くの選択肢の中で惑う、ためらいがちな心を鼓舞することが求められる

Story ～カードに秘められた物語～

　理想郷を目指して……。主人公の眼前に広がる、輝くばかりの大海原と遠景に見える肥沃な大地は、彼がこれから手にしようとしている世界を象徴しているようです。彼は志を果たすために、新たな目的地へと旅立とうとしているのでしょうか。あるいは、放った使いが帰還するのを待ち望んでいるのかもしれません。いずれにしても穏やかな海原は、彼の冒険が安全で、実りあるものだということを暗示しています。

　番号の「3」は、創造的な活動を表す数であり、対立物の結合や安定、生命力や物質的な充足を意味しています。創造の過程で遭遇するであろう困難や欲のぶつかり合いも、信念を持った彼なら、ものともせずに乗り越えてゆけるでしょう。流転していくこの世界で、たとえひとときであろうとも理想を実現することは、簡単ではありません。だからこそ、やりがいや使命を見いだして、強い精神力を支えに彼は突き進んでゆくのです。まだ見ぬ理想の世界を求めて……。大海原のように壮大なヴィジョンを抱き、高い志のもとに、たゆまず歩みを続けていくのです。

Card Reading　〜このカードが出たら〜

【正位置の場合】

　心を突き動かすヴィジョンや、アイデアがもたらされる時。それはとてつもなく壮大な夢かもしれないけれど、あなたの内に宿ったアイデアは、必ず実現するでしょう。目前に広がっているチャンスに目を向けてください。何を目指そうとあなたの自由であり、しがらみや固定観念を理由にしなければ、今すぐにでも歩み出せるはずなのです。このアルカナは、実り多き冒険を暗示しています。現状にとどまるよりも、はるかな地平を目指したほうが、愛と豊かさにあふれる人生を手にすることができるでしょう。新たなビジネスや転職、独立には朗報が訪れます。

　また、関係性をリセットして、新しい出会いを求めたほうがいい時期です。準備が整っていなくても大丈夫。いつだって私たちは旅の途上にあるのですから。何もなさないでいるほうがリスクが高い場合も……。まっさらな気持ちで踏み出せば、未来は希望に輝いています。

【逆位置の場合】

　前進を妨げていた問題が解消されたり、自由な翼を取り戻すことを暗示しています。「自分は間違っていたかもしれない」そんな一抹の不安がよぎったとしても、あなたの行動は正しかったということを、後になって知るでしょう。また、どこまで本気なのかを試される出来事に遭うかもしれませんが、これまでの困難を乗り切ってきた自分自身と仲間を信頼することで、状況は好転していくはずです。

ひと言オラクル　翼を広げて羽ばたくとき！　可能性に満ちた世界が広がっています。アイデアやインスピレーションをそのままにせず、実行に移しましょう。人生を新たにクリエイトする気持ちが幸運を招きます。

ワンドの4 Four of Wands

小アルカナ

【Key Words】

正位置　安堵、安心、繁栄、安定した暮らし、牧歌的で落ち着いた環境、くつろげる環境を整える、つかの間の休息、信頼できる仲間やパートナーを得る、交友関係に恵まれる、満足のいく結果を手にする、幸運や豊かさを享受する

逆位置　約束が守られる、恵みを受け取る、トラブルが平穏に解決する、調和的な関係、順調な途中経過、プレッシャーからの解放、幸福な出来事、義務や責務がひと段落する、次へのステップとなる成功

Story　〜カードに秘められた物語〜

　前進するばかりでは、肉体的にも精神的にも疲弊して、幸せから遠ざかってしまう……。主人公は旅の途中で、仲間にめぐり合い、安らげる環境を手に入れたのでしょうか。成功や豊かさを象徴するお城を背景に、和気あいあいと祝福のダンスを繰り広げる人々の姿は、幸せ恵みに満ちた世界を表しています。主人公の旅は順調で、迷いも不安もぬぐい去られ、理想へのチャレンジは、それなりの成功を収めたのでしょう。

　番号の「4」は、安定した、平穏で完成された世界を意味しています。たとえつかの間の安らぎだったとしても、彼はこの地に至福の時を見いだしたのかもしれません。幸せな恵みに満ちたこのアルカナは、ゴールではないけれど、途中経過における目標の達成や、休息、心身の充足を暗示しています。主人公は、これまでの道のりの中で得た経験や出会いによって、さらなる発展に向けての強靭な土台を築いたのでしょう。ただひたすらに走るばかりではなく、時には立ち止まって、豊かさや幸せに包まれた時を過ごすことの大切さを、伝えているようです。

小アルカナ　ワンドの4

Card Reading　〜このカードが出たら〜

【正位置の場合】

　いつも希望を忘れず歩み続けてきたあなたに、幸運がもたらされる兆し。迷いや悩みに翻弄（ほんろう）されたことがあったとしても、あなたの努力は正当に評価されるでしょう。信頼できるパートナーや仲間にも恵まれる暗示です。あなたはたったひとりで人生に立ち向かっているわけではありません。あなたの成功や幸せを願い、協力してくれる人たちがいるはず。

　忙しい環境にある人は、ライフスタイルを見直したり、休みの時間の充実を。「走り続けなければダメになってしまう」という考えで突き進むばかりが、正しいとは限りません。親しい人と過ごすひとときを大切にする中で、今まで気づかなかった幸せに気づくこともあるでしょう。

　ひとつの節目を意味するこのカードは、ストレスの多い生活や関係性から離れ、生活の喜びを取り戻すことがテーマです。回り道と思われることをあえて選択することで、着実な成功へのステップをつかめます。

【逆位置の場合】

　逆転の発想が成功をもたらす暗示です。今までのやり方にこだわらず、違う手法を取り入れたり、周囲のアドバイスに耳を傾けてください。自分の考えに固執しなければ、思いもよらなかった幸運なチャンスがやってくるでしょう。コミュニケーション上の問題は、あなたが譲歩することで、より良い関係へと変わるはず。調和的で穏やかな関係や環境を求めることが、あなたの内面を豊かに育み（はぐく）、将来の礎を築くカギです。

ひと言オラクル　努力してきたことが報われたり、思いがけないチャンスが訪れます。肩の荷を下ろして、もっと人生を充実させるように、楽しみを追求してください。心と魂の休息が、人生の発展につながるでしょう。

WANDS 小アルカナ ワンドの5 Five of Wands

【Key Words】

正位置　信用、革新、変革、絶好のチャンス、対立や葛藤、情熱が試される、障害や困難に屈しない精神力、試練やプレッシャーによって鍛えられる、ビジネス上の成功や富を獲得する

逆位置　プライベートな悩み、不和やトラブル、事態が悪化し精神的に疲労困憊する、才能を開花させるための試練、交渉が長引く、不況、勇気が試される、理想から程遠い状況、ミスチョイス、協調性が求められる、苦い思い、混乱した状況

Story　～カードに秘められた物語～

　つかの間の平穏なひとときを過ごした主人公は、現実の問題や壁に突き当たったのでしょうか。混乱した状況や、葛藤(かっとう)を暗示するこのアルカナは、主人公が乗り越えなければならない山場を象徴しています。理想が高ければ高いほど、望みが大きければ大きいほど、実現への過程で遭遇する試練は大きく、精神的な苦痛や葛藤に直面することは避けられないもの。果たして彼は、この局面にどのように立ち向かうのでしょう？

　番号の「5」は、対立物を表す2と、万物を生じさせる3が合わさった数であり、創造的な試みによって、それらを統合する意味を持っています。簡単にあきらめられるくらいなら、最初から目標にしたりなどしない……そんな意気込みで、事態を有利に導こうと戦っている最中なのかもしれません。主人公の旅路に現れた反対勢力は、彼自身の魂を試そうとしているのでしょう。反乱を治めるために、妥協したり、打開策を講じなければならないけれど、それによって彼はひと回り大きく成長し、真の勇者と呼ばれるにふさわしい人柄を手に入れるに違いありません。

小アルカナ　ワンドの5

Card Reading　〜このカードが出たら〜

【正位置の場合】

　信念が試される時です。混乱した状況や対立に巻き込まれたり、予想外の事態に振り回されて、すべてを投げ出したい心理に陥ることも……。物事の成功や改善に向けて、たゆまぬ努力をしてきたあなたにとっては、理不尽に感じる状況に追い込まれるかもしれませんが、あきらめないで！　たとえ状況的に不利で、困難極まる状態でも、引き下がってはいけません。正しいと思うなら、反対を押し切ってでも進めましょう。少し時間がかかるかもしれませんが、必要な助けや富は必ず訪れます。

　また、理想の追求のために、思い切った自己変革が求められることも。まったく新規なアイデアや価値観に目覚め、大転換を試みるかもしれません。すぐには周囲の理解を得られなかったとしても、賛同してくれる仲間によって展開が開けたり、大きな利益を得る暗示もあります。信じて進めば思いは叶うということを、自身の体験を通して知るでしょう。

【逆位置の場合】

　最も嫌う争いごとや不和によって、前進を妨げられる恐れを暗示しています。協力的だった相手の離反や、反対勢力によって、プランが座礁するかもしれません。信頼関係がグラついたり、精神的なダメージをこうむる可能性も。現状の維持だけで精いっぱいで、本当にやりたいことに向かえないでいる場合もあるでしょう。冷静に現実を受け止め、チャンスを待つように。未解決の問題を片づけることを優先してください。

> **ひと言オラクル**　あなたの真価が発揮される時。対立や不和があっても、あなたが協力的な姿勢でいる限り、打開する道が開けてきます。周囲の混乱に巻き込まれないよう、冷静な態度で取り組む姿勢が大切です。

ワンドの6 Six of Wands 〈小アルカナ〉

【Key Words】

正位置 目標をなしとげる、進歩、利益、うれしいニュース、チャンスをつかみ取る、勇気ある行動が成功につながる、輝かしい栄誉を受ける、公私ともに充実する、ライバルに勝つ、自己肯定、困難な状況が終わりを告げる

逆位置 心理的・経済的な打撃を受ける、物事が遅延する、スランプ、努力が報われないつらさ、現状を変えたいと望みながら変えられない、問題の悪化や長期化、不利益をこうむる

Story ～カードに秘められた物語～

　結果などどうでもいい、やれる限りを尽くそう……。そう謙虚に受け止めて、事態に向かうことにしたとたん、すべてが彼の思いを叶えるために動き出したようです。彼は混乱した状態を見事に収め、勝利をものにしたのでしょう。厚い人望と、世のために才能を役立てようとする姿勢が、人々の心を動かしたのかもしれません。英雄の旅に困難はつきもの。試練を乗り越えるたびに、彼は目的地へと近づいてゆきます。成功の積み重ねが偉業への手形となり、理想の実現に向けて邁進しているのでしょう。自分に対しても、周囲に対しても期待を裏切ることなく、完全に自己をコントロールしているさまが感じられます。

　番号の「6」は、万物を具現化する3の倍数であり、調和とバランスを意味する数。彼の精神と肉体は、完全なる調和のもとに、完全なる勝利を目指しているのでしょう。栄光に輝く勇姿は、志が試されるような危難にあっても、怖気づいたりあきらめたりしません。決して逃げずに、疑念や誘惑を退けて、挑戦してゆくことが大切と告げているようです。

Card Reading　〜このカードが出たら〜

【正位置の場合】

　一度はあきらめかけた夢や目標が、チャンスを携えて訪れるかもしれません。かねてから狙っていたポジションに抜擢(ばってき)されたり、栄誉を受ける兆しもあります。いずれにしても、焦らず奢(おご)らず無理をせず、じっと忍耐と努力を続けてきた、あなたの心が勝利をもたらします。ライバルに先を越されたり、上司に成果を横取りされたり、裏切りに遭うなど、つらい出来事を耐え抜いてきたあなたへの祝福として、幸運の女神がほほ笑んでいます。勇気を奮い立たせて前進を！　まだ多少の不安はあるかもしれませんが、志を高く掲げて、理想を追求し続けましょう。

　そして追い風が吹いているときこそ、いつも以上に慎重な態度を。助けが必要な人には、優しく手を差しのべてください。思いやりと愛からの行為は、相手の心に情熱を喚起し、強力なサポーターとなってくれるでしょう。幸運をおすそ分けすることで、評価と人望は不動のものに。

【逆位置の場合】

　不安が的中したり、裏切りによって足元をすくわれる恐れを暗示しています。あるいは、目標まであと少しのところに達していながら、見送らざるをえない状況に陥ることも。逆風は強く、現状を打開する方法が見えないまま、途方に暮れるかもしれません。しかしながら、ここで屈したら元も子もないのです。あらゆる手段を講じて、現状に立ち向かうことで、ギリギリのところで突破口が開けるでしょう。

ひと言オラクル　すべての経験は、あなたを目的地へと誘(いざな)うためのステップ。喜ばしくない出来事も、心からの善意で受け止めましょう。わずらわしいと思っていた問題の中に、幸運の芽が潜んでいるかもしれません。

WANDS 小アルカナ ワンドの7 Seven of Wands

【Key Words】

正位置 有利な展開、栄転、首尾よく前進、満足を得る、エキサイティングな出来事、積極的かつ果敢に事に当たる、周囲から支持される、主張を通すチャンス、リーダーシップを発揮したほうがうまくいく

逆位置 交渉やプロジェクトが難航、弱気になる、見込みや期待がはずれる、不利な立場、問題発生、足元をすくわれる、困難な状況でリーダーシップを発揮しなければならない、問題が長引く、葛藤やしがらみを断ち切る、交渉の決裂

Story ～カードに秘められた物語～

　冒険の旅に安息はないとでもいうように、主人公は再び、試練にさらされているようです。彼は理想の実現のために、強固な足場を固めようとしているのでしょうか。比較的有利な立場で、危難に立ち向かっているように見受けられます。彼にはすでに、それなりの経験や実績、威信もあり、さらなる勢力の拡大のために、障害物を打ち負かしている最中なのかもしれません。

　番号の「7」は、宇宙の創造原理と物質原理を意味する数であり、7というひとつのサイクルの中での、完成を意味します。夢を実現させるため、主人公は、育てたい植物の成長の妨げとなる雑草を駆除し、障害物を取り除くように、この先に障害となりそうな問題やしがらみを取り払い、余念なく取り組んでいるのでしょう。ここでの勝利は、未来への着実な礎となり、将来の発展を約束するものとなることは間違いありません。だからこそ、彼の表情は真剣そのものであり、足元をすくわれることのないように、自分自身を律してもいるのです。

Card Reading 〜このカードが出たら〜

【正位置の場合】

過去に立てた計画やプランが、実現の兆しを見せています。しかしながら、物事の具現化の前には、さまざまな問題が生じることが少なくないように、処世的な対応に追われていたり、世知辛い人間関係の軋轢に苦労しているかもしれません。積極的に自己実現しようとしているときに、早期解決を望みたいのは山々ですが、「急いては事をし損じる」と言うように、今は慎重に向き合ってゆくことが大切です。

たとえ小さな障害でも、ゆくゆくは前進を妨げる大問題に発展する恐れもあります。簡単に解決できそうな問題こそ、誠心誠意を尽くすこと。現状では、あなたに有利であったとしても、敵をつくらない心がけが、理想を実現する秘訣です。石橋をたたいて渡るくらいで事に当たれば、今あなたを悩ませている物事や人物は、大きな問題にはならず、むしろ先々助けとなるステップに、つなげることができるでしょう。

【逆位置の場合】

もがけばもがくほど、物事がうまくいかなくなるような逆境の暗示です。何から手をつけていいか分からなくなったり、事態を収束するのは不可能に思えるかもしれません。真剣に取り組んでいるのに、事態は悪化する一方で、疲れやストレスがピークに達するかも。思い切ってやり方を変えたり、あえて周囲の考えに逆らったほうが、突破口が開けるかもしれません。

ひと言オラクル　描いてきた夢が、遠からず実現する兆し。不安要素があったとしても、立ち止まらないように！　悩みが深くても、ひるんではなりません。前進し続けることで、問題をクリアして夢をつかめます。

WANDS 小アルカナ ワンドの8 Eight of Wands

【Key Words】

正位置　協力関係に恵まれる、事態は思っていたほど悪くはならない、心配していたことが素晴らしい結果をもたらす、良い方向へ向かう、気づきの多い関係、信頼が深まる、ネットワークの拡大、発展の波に乗る、急展開、大成功の兆し

逆位置　変化の流れに乗れない、目標を見失う、孤独感、感傷的な気持ち、わずらわしいと思っていた相手がいなくなり寂しさを感じる、意思疎通がはかれない、別れや決別、チャンスに恵まれない

Story ～カードに秘められた物語～

　拡大と発展のチャンス……。主人公の理想は、今や周囲の理想となり、大きく拡大発展していく時期を迎えたようです。主人公の培った小さな成功の基盤は、時とともに成長をとげて、大空に羽ばたくように勢いを増しているのでしょう。彼の知らないところで、協力者たちが手を携えて、理想の実現に向けて東奔西走しているのかもしれません。

　壮大な理想を体現するためには、より多くの人々の協力は必須であり、たくさんの賛同を得られなければ、彼の理想は「絵に描いた餅」で終わってしまうからです。ここでは主人公よりも、彼をサポートし支援しようとする仲間にスポットが当たっています。

　番号の「8」は、無限を表す記号に通じているので、物事を拡大発展する意味があり、物心両面での充足を暗示しています。主人公が宇宙に向けて発した希望は、理想の世界に向けてまっしぐら。人々を理想の地へと導こうとしているのでしょう。新しい友情や協力関係、待ちに待った知らせが届くなど、成功への道を邁進しているに違いありません。

Card Reading　〜このカードが出たら〜

【正位置の場合】

　たったひとりで戦い続けてきたように感じていても、陰で支えてくれている人たちの存在がきっとあるはず。どんなときでも周囲への感謝や労(いたわ)りを忘れないでください。協力が仰げなかったからといって、落胆する必要はありません。目に見える形にばかりこだわってしまうと、あなたをサポートしようとしている動きに気づくことができないでしょう。

　うまくいっていない何かがあるとすれば、今こそすべてを謙虚な気持ちで受け止めましょう。時がくれば、あなたの願いはきっと実現するはずです。その途上にあるからこそ、不安に駆り立てられたり、あなたを試すような出来事が去来するのだから……。心配しなくても大丈夫！ 完璧(かんぺき)なタイミングや完全な環境を求めるあまり、チャンスを逃すことのないように。心を豊かに、大船に乗った気持ちで取り組めば、現在進めているプランやプロジェクトは、大きな発展を迎えるでしょう。

【逆位置の場合】

　急速な変化の訪れや、周囲から取り残されたような孤独な気持ちを暗示しています。協力し合っていた仲間とそりが合わなくなったり、チームの意思疎通がはかれないまま、どこを目指してよいのか途方に暮れるかもしれません。しばらく逆風を感じるかもしれませんが、苛立(いらだ)ちや不安感にとらわれないように！ 冷静かつ客観的な視点を取り戻すことが、空回りしている状況を正しい軌道に戻すためにも必要です。

ひと言オラクル　準備はできていますか？ 待ち望んでいた転機が訪れる兆しです。間もなく、予想もしていなかったチャンスがもたらされるでしょう。拡大・発展へのこの流れは、あなたのために用意されているのです！

WANDS 小アルカナ ワンドの9 Nine of Wands

【Key Words】

正位置 秘められた才能の開花、最善を尽くす、成功という名のゴール、クライマックス、達成感、健康面の回復、社会的な成功、報酬を得る、思う相手との関係が実る、破綻や崩壊という形で解放される、努力の結実

逆位置 逆境や試練、荒波高し、スランプに陥る、無力さや虚脱感、あきらめ気分になる、前進が阻まれて目標を失う、ただ待つだけの状況にイヤけがさす、確かな手ごたえや救いが欲しい、別離、離反

Story ～カードに秘められた物語～

　理想の実現……。厳しく険しい道のりを歩んできた主人公は、旅の途中で仲間とめぐり合い、助け合いながら、ともに旅の目的を果たそうとしているようです。たび重なる試練や障害に遭うたびに、くじけそうになりながらも、あきらめないで信念を貫き通してきた彼の心は、皆の心をひとつに結び、結果的に大きな成果を挙げるのでしょう。

　番号の「9」は、完了や完成を意味する数であり、1からはじまる創造の完結を暗示しています。主人公が経験した苦悩や絶望的な思いは、すべからく理想の体現のための犠牲であり、今まさにゴール目前のところで、守備に抜かりがないかを確認しているのかもしれません。

　彼の表情は硬く、決して穏やかではないことからも、まだ懸念すべき材料が残っているようです。完全なる勝利をものにするためには、最後まで油断してはいけないことを物語っているのでしょう。繁栄と発展を手にできるか、あるいは破綻や崩壊に至るのかは紙一重であり、だからこそ彼は、ささいなミスも許さないよう自分を律しているのです。

Card Reading　～このカードが出たら～

【正位置の場合】

　やるべきことはすべてやり尽くし、後は結果を待つばかりの状況にあるか、成功を目前にしてそわそわした気持ちでいるかもしれません。あるいは、油断しているとライバルに足をすくわれそうで、気の抜けない思いでいるかも……。安心しきれるような成果を得られていない状態かもしれないけれど、疑念や疑心で心をいっぱいにしてしまうと、受け取れるはずの幸運が半減してしまいます。あなたは十分に努力をしてきているし、今だって少しでも現状を良くしようと心を砕いているはず。

　緊張状態が長く続いたため、自分のために用意されている成功や、訪れようとしている幸せを信頼する気持ちになれなくても、リラックスしてすべてを受け止めて！　ダメになったらなったでかまわない……というくらいの開き直りが、自分自身と周囲の良さを引き出します。過去の失敗は忘れてください。待ち望んでいた成果はもうすぐ手にできるでしょう。

【逆位置の場合】

　懸念していたことが現実になったり、予期せぬ妨害が入りそうな暗示です。完璧(かんぺき)だと思っていた計画が、あと少しのところで頓挫(とんざ)するかもしれません。もはややなすべきことはなく、どうしたら現状を変えられるのかも分からなくなってしまうかも……。無力さや脱力感にとらわれるかもしれませんが、最終試練だと思って、心を前向きに保ちましょう。頑(かたく)なな態度を反省して、周囲の助言に耳を傾けることも大切です。

ひと言オラクル　この世に確かなものなんて何も存在しないけれど、あなたの内側で燃える情熱の炎は、確信を持って事に臨んでいるはず。信じる心はあらゆる困難に打ち勝ち、最後にはほほ笑みをもたらします。

WANDS 小アルカナ ワンドの10 Ten of Wands

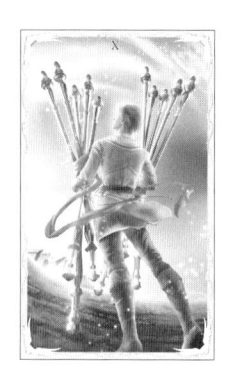

【Key Words】

正位置 終わりとはじまり、成功と引き換えの代償、忍耐と努力を続けることで成功をつかむ、プレッシャーに立ち向かう、半ばであきらめない強い意志、苦難を乗り越える、責任や地位による重圧、満足ゆく結果を手にするために労力を惜しまない、目標の達成

逆位置 問題が長期化する、可能性のないことに立ち向かう、陰謀や策略、偽りの愛、油断できない状況、アテがはずれる、責任を押しつけられる、間違った努力、報われぬ思い、健康面に配慮が必要

Story 〜カードに秘められた物語〜

　旅路は続く……。主人公の冒険の旅は、どんな結末を迎えたのでしょうか。最果ての地で理想郷を見つけ、夢を実現したのか、それとも描いた夢とはかけ離れたゴールだったのか……。物語の結末によくあるような「主人公はその後幸せに暮らしました」という単純な物語では、どうやらないような感じです。理想を手にするにはしたのかもしれませんが、それを維持するために、彼はまだ戦いに挑んでいるのかもしれません。

　番号の「10」は、より高い次元でのはじまりを表す数であり、物事の成長やスケールアップしたステージでのスタートを意味します。主人公は、類まれな才能や超人的な能力に恵まれていたわけではなく、努力の末に夢を達成したにすぎません。個人的な幸せを犠牲にしたり、わが身を顧みることなく、果敢に現実に立ち向かってきたのでしょう。

　夢の実現には、それなりの時間と労力が必要で、どんな小さなことも軽んじたり、手を抜いてはいけないと教えているようです。常に成長し続ける努力とチャレンジが、すなわち「生きる」ということなのだと……。

Card Reading　〜このカードが出たら〜

【正位置の場合】

　かつて抱いた目標の大半を手にしているか、不可能に思えた願望を達成して、次なるチャレンジに向かう最中かもしれません。一難去ってホッとしたのもつかの間、瑣末な現実の問題に直面している可能性もあります。成功と引き換えに失った人間関係や、諸々の出来事を回想して後悔の念にとらわれていることも……。完璧な結果など幻想にすぎず、いつだって問題は山積みだ、という思いに駆られているかもしれません。

　確かに、禍福はあざなえる縄のごとし。安心しきっていたら、いつ転落の道に陥るかもしれませんが、一方で「緊張感やストレスから解放されて、もっと自由に生きたい」という思いがあるのではないでしょうか。このカードは必要以上のプレッシャーや、責任感や重圧に押しつぶされそうになっているときにも現れます。今までのやり方を一度リセットして新たな生き方を模索することが、真の可能性を切り開くカギです。

【逆位置の場合】

　これまでの努力がムダになってしまうような出来事や、逆境にさらされる暗示です。実力を発揮できないために、突然、弱気になってしまったり、骨折り損と分かっていても、努力をやめられないでいることも。現実は厳しい状況かもしれないけれど、どうか初心を思い出してください。気分が滅入ってしまったら、はい上がる気力も失いかねません。落ち込んだ気分を解きほぐし、気持ちも新たに取り組み直しましょう。

ひと言オラクル　自分自身を祝福してください。すべてが大きな実りをもたらそうとしています。心をわずらわせる問題は、受け止め方次第でいくらでも軽くできるはず。楽しむ心が人生の旅を豊かにしてくれます。

ペンタクルの王 King of Pentacles

小アルカナ

【Key Words】

正位置 安息、恩人、後援者、実績、有能な人物、誠実で力のある人物、寛大さ、経営者、起業家、資産家、優遇される、富や名声を得る、実務能力、求婚される、豊かさの享受、伝統を継承する、成功、繁栄、蓄財、遺産、尊厳、威厳

逆位置 不満の残る結果、浪費する、キャリアや経済問題で悩みが発生する、誤った価値観に気づく、自信を喪失する、不名誉な出来事、落胆、焦燥感、強欲さによって失敗する

Story ～カードに秘められた物語～

　壮麗なお城を背景に、豪華な衣装で玉座に鎮座している王の姿を描いたこのアルカナは、豊かさを象徴しています。理想を絵にしたような美しい王国で、王はその恩恵に与(あずか)っているのでしょう。満ち足りた彼の表情からは、自らの置かれた環境を、人を自然を愛し、慈(いつく)しんでいる様子がうかがえます。彼の心の内にある豊かさを顕現したともいえる王国には、何ら不足はなく、心配事があるとするならば、王国に住まう人々が、いかに豊かに安心して生きられるか……ということに尽きるのかもしれません。豊かで平和な王国を守ることは、王の使命でもあるのですから。

　水が高みから低地へと流れてゆくように、王自身が豊かであればこそ、民へと分け与えられる恵みも多く、すべての人々の営みを守ることもできるのです。かつて、恵み多き世をもたらすために、王はその身を投じて王国を築きあげてきたからこそ、世の行く末を案じながら、穏やかな時を過ごしているのでしょう。永久へと続く王国を夢見ながら、彼は自分の築いた世界を愛(め)でているかのようです。

Card Reading 〜このカードが出たら〜

【正位置の場合】

　取り組みが豊かな実りをもたらす時期。誠実な友や仲間に恵まれて、プロジェクトが進展したり、願ってもないチャンスが訪れるでしょう。特別待遇を受けたり、ポジションアップの可能性もあります。重要な役職に就いたり、責任ある地位に引き立てられるかもしれません。あなたに注がれる恩恵が周囲をも満たして、環境や経済状況が見違えるほど良くなっていく兆しもあります。葛藤や不満は解消され、今や何の心配もなく、あなたは豊かさを享受できるのです。わだかまりのあった事柄も、あなたがそれを重要視しなければ、円満だった状態に戻るでしょう。

　豊かさにフォーカスしてください。心をわずらわせる問題にエネルギーを奪われないように行動を。あなたの心が信じるものを、受け取ることになるのだから……。そして、やる気にあふれる人たちへの手助けを忘れないように。与えれば与えるほど、受け取る恵みも増していきます。

【逆位置の場合】

　これまでの努力が徒労に終わるような不安を抱いたり、目の前に厚い壁があるような気がして、意欲を喪失する可能性を暗示しています。周囲から思うような協力を得られなかったり、頼みの綱だった救いを失ってしまうことも……。前途は多難に思えるかもしれませんが、これまでのやり方や考え方を手放すことが、最善の解決策に通じるでしょう。失うことを恐れない心が、あなたに新たな道しるべをもたらすはずです。

ひと言オラクル　時至りて自然が豊かな恵みをもたらすように、人生にも実り多き時節の到来です。培ってきた人脈や経験が生かされ、花開く時がめぐってきます。自他ともに信頼し、惜しみなく与えることが大切です。

ペンタクルの女王 Queen of Pentacles

小アルカナ

PENTACLES

【Key Words】

正位置 管理能力、計画性、しっかりした経済観念、社会貢献、クオリティー・オブ・ライフ、豪華、約束が守られる、富裕意識、着実な成長、ありのままを受け止める、充足、満ち足りた関係

逆位置 悲観的な考え、不誠実な態度、疑心や疑惑にとらわれる、すべてが無に帰すような不安を感じる、信頼できるものがなく孤独を感じる、生命力・免疫力の減退、この時期の終わりには信頼と希望を見いだすきっかけが現れる

Story ～カードに秘められた物語～

　肥沃な大地をたたえるように、美しく彩られた大自然に座し、ペンタクル（金貨）を抱いた女王の姿は、大アルカナの「女帝」を彷彿させます。愛情を持って育てたならば、豊かな大地の恵みが受けられることを、女王は教えているのかもしれません。外に意識を向けるよりも、内なる土壌を豊かに育むこと、すなわち人間性を成長させることが、真の意味での豊かさを享受することにほかならないからなのでしょう。

　植物が最初に根を張ってから、天を目指して伸びてゆくように、まずは足元の土台を、基盤作りを、盤石にすることが先決なのです。

　王侯貴族が戦いに明け暮れていても、彼女は大地の恵みに感謝して、豊かな国づくりのために愛情とエネルギーを注いできたのかもしれません。移ろいゆく時の中で、確かな手ごたえを与えてくれる命の営みを大切にして……。誰も見向きもしなくとも、彼女だけは知っていたのでしょう、大地の恵みに勝るものなどないということを。彼女はゆっくりとたおやかに、しかし着実に自分の世界を育み、守り続けているようです。

小アルカナ　ペンタクルの女王

Card Reading　～このカードが出たら～

【正位置の場合】

　人知れず大切に育んできたことが、結実を迎えるとき。周囲に理解してもらえなくとも、努力が実ると信じてきたことが、結果となって現れるでしょう。特別なプロジェクトや新規の計画、あるいは新たな環境で、自分の居場所を得るために尽力してきた成果かもしれません。不毛な大地に根気よく向き合い、労苦の末に肥沃な農地に変えるように、努力を重ねたことは、何があっても失わない経験値となっているはず。

　実力不足に悩んだり、不振だったことが、急展開を見せるかもしれません。自分には難しいなどと思わず、チャンスをしっかりとつかんでください。開かれている幸運の兆しの前で、遠慮したり尻込みしたりせず、自信を持って受け止めて！　すべては理由があって訪れているのですから、自分に備わった本来の能力を信頼しましょう。また、長く続いてきた愛情問題の解決や、パートナーとの幸運な展開を暗示していることも。

【逆位置の場合】

　確信していたことが突然覆されたり、落胆する出来事を暗示しています。絶対にうまくいくと信じていたことが、急転直下の知らせや不測の事態によって、急変するかもしれません。不安感や疑惑にとらわれたり、喪失感にさいなまれることも……。しばらく逆境が続きそうですが、心の平安を保つように。苦しいときこそ、最悪のことではなく最善のことに目を向けましょう。きっと状況を好転させる導きが訪れるはずです。

ひと言オラクル　希望を宿せば希望が育ち、愛を宿せば愛が実り、不安を宿せば不毛な結末がやってくる……。あなたは何を心に宿しているのでしょう？　あなたが宿したものが、未来に顕現することを忘れないで！

ペンタクルの騎士 Knight of Pentacles

【Key Words】

正位置 与えられた任務を忠実にこなす、平和と安らぎを得る、誠実な関係、素朴さ、粘り強さ、望むものを手に入れる、オープンで率直なコミュニケーション、律義、義務感、策士、プロモート、投資、資産運用、利潤、利益

逆位置 ムダの多い行動、遅延、損失、利害関係、不安定な状況、計算通りに進まない、変更を余儀なくされる、スローペース、関係が進展しない、パワーを発揮できない、独りよがりな考え

Story 〜カードに秘められた物語〜

　戦略を練る……。戦は常に命がけ、血気に任せて出兵したところで、必ず勝てるものでもないのだから……。ペンタクルを抱いた騎士は、用心深く出征の準備を整えているようです。何か策を講じて、完全な勝利をものにしようとしているのかもしれません。望みを手にするためには、それなりの覚悟と準備、そして冷静沈着な判断力が、命運を左右するのだということを、彼はこれまでの戦いで学んできたのでしょう。勢いに任せた行動にはムダも多く、多大な犠牲を伴うために、最大の注意を払って最大限の成果を挙げようと、目論んでいるのかもしれません。

　大切な何かを守るため、愛する者との暮らしに平和をもたらすために、誓いを立てているかのように、静かな眼差しでペンタクルを見つめる彼の姿には、名誉や私利私欲よりも、崇高な目的のために事態を見守っている姿がうかがえます。出陣の前の精神統一……。忍耐強く自分を律することは、目標を達成し、実質的な価値ある勝利を得るために不可欠であるということを伝えているようです。

Card Reading 〜このカードが出たら〜

【正位置の場合】

　もっとやりがいのあることに取り組みたい、価値あるものを得たい、という願いが高まっているようです。今よりも盤石な基盤を築きたい、生活を安定させたいという思いに、突き動かされている可能性もあるでしょう。転職や独立を考えている人は、ステップアップできるかどうかを探っていたり、次のステージに向けて計画を立てているところかもしれません。責任感にあふれた態度が信頼を得て、周囲からの援助を受けられたり、賛同してくれる仲間が現れる兆しもあります。

　対人面では、自分を取りつくろうことなく率直に話すことで、事態を良い方向に向かわせることができるでしょう。いずれにしてもこの時期は、一貫した態度を貫けば、障害や困難を退けて、望みを叶えることが可能になります。愛情関係においては、信頼できるパートナーの出現や、愛されている手ごたえや実感を得ることができるでしょう。

【逆位置の場合】

　物事の展開は、雄牛の歩みのようにスローペースで、このまま続けるべきか否かを迷い、エネルギーを持て余しているかもしれません。あるいは、手ごたえのないことはしたくないという思いが、現実的な行動を躊躇させていることも……。今は、障害や困難に遭ってもくじけることのない強い精神力を鍛えて、機が熟するのを待つように。事態を遠くから静観したほうが、あなたの裁量を発揮するチャンスをつかめるでしょう。

> **ひと言オラクル**
> 揺るぎない自信と経験が、あなたにパワーを与えています。焦らなくとも大丈夫。あなたの望みは、予定通りあなたのもとを訪れるでしょう。人間関係においては、何よりも誠実であるよう尽くして！

ペンタクルの王子 Page of Pentacles

小アルカナ

【Key Words】

正位置 継承する、マニュアルを必要とする、キャリアを積みたい、経済的な問題の解決、理想主義、集中力を鍛える、欲しい物を手に入れるためにプランを立てる、冒険は避けたいが成果は得たい、健康、健全、純朴

逆位置 人目を気にする、見えを張る、プライドが邪魔をしてチャンスをつかみ損なう、骨折り損、心理的・経済的な不安、不経済、教訓を得る、努力不足、忍耐力に欠ける、計画倒れ、健康を害する

Story ～カードに秘められた物語～

　開かれた可能性……。まるで宝物を見つめるかのように、うっとりした眼差しでペンタクルを掲げている王子は、自分の未来が輝かしいものであることを確信しているようです。将来娶るであろう美しい王女を想い、ゆくゆくは継承するであろう王国を夢見ているのかもしれません。あるいは、試みのすべてがうまくいくようにと、無邪気に祈りを捧げているのかも。人生はまだ未知の状態で、現実の厳しさを理解してはいないのです。

　彼は、いまだ守られた環境の中にあり、人生を賭けるような冒険も、命を賭けた戦いも経験してはいません。だからこそ、彼はスペシャルな未来に思いをはせながら、望みを獲得した状態をありありと描き、確実にものにするように、心を強化しているのでしょう。得がたき宝を得るために、自分の人生を築くべく人生に挑んでゆくために……。

　王子の背景に広がる緑豊かな地平は、彼の将来が希望と可能性に満ちたものであり、これからの選択に未来がかかっていることを暗示しているようです。

Card Reading　〜このカードが出たら〜

【正位置の場合】

　あなたの前に、さまざまな可能性が現れているようです。将来のために資格を取得したり、経済的な満足を得るために転職を考えているかもしれません。それなりの努力と忍耐を強いられたとしても、十分に乗り越えられる気力と才気に満ちているでしょう。現実感覚に優れた、とても健康的で健やかな性格の持ち主を、暗示していることもあります。

　心をわずらわせていた問題については、信頼できる人物や、才能豊かな人物との出会いや干渉によって、解決へと導かれるかもしれません。

　いずれにしても頑(かたく)なな態度や、自分の考えに固執しなければ、恵みを受け取れる兆しです。そして、才能や能力に磨きをかけるために、日夜努力を怠らない姿勢が大切。可能性の扉を開くカギは、ひとえにあなたの裁量にかかっているのですから……。忍耐力を養っておくことで、先々の道のりがラクになります。また、経済面での喜ばしい展開や発展も。

【逆位置の場合】

　驕(おご)りや散漫さによって、チャンスを逃す可能性を暗示しています。慢心のために不測の事態に対応できず、困難な状況に陥るかもしれません。プライドが邪魔をして本心を伝えられなかったために、大切な人を失ってしまうことも……。弱点やコンプレックスを隠そうとするより、オープンにしたほうが、好展開を望めるはず。また経済的な損失を示唆していることも。この時期は、ハイリスクな投資は避けたほうが無難です。

ひと言オラクル　あなたの未来を想像しましょう。夢は細部まで詳しく思い描き、叶(かな)ったときの感覚まで、ありありとイメージして感謝を捧げて！　心のキャンバスに描いたものを、あなたはいずれ受け取るのですから。

ペンタクルのエース Ace of Pentacles

【Key Words】

正位置 恵まれたスタート、ビジネス上の幸運、財産、繁栄、長く時間をかけてきたことが成果を挙げはじめる、強力なバックボーンを得る、愛情、幸福、充足、贈り物、安定した生活、実りある関係、資金運用がうまくいく、喜び、恩恵を受ける

逆位置 現世的な価値観にとらわれる、トラブルをお金で解決しようとする、タイミングを逃す、見込みの薄い投資、手詰まり、才能を発揮できない、退廃的なムード、不満が残る、期待はずれの結果

Story 〜カードに秘められた物語〜

天空に現れた大きな手に握られた巨大なペンタクルは、地のエレメントを表し、大いなる大地の恵みや豊かさを象徴しています。

地上に描かれた楽園は、主人公が長い年月をかけて築き上げ、培ってきた世界を表現しているようです。花々に彩られた庭園は、彼が精魂込めて育ててきた愛の証であり、風雪に耐えうるように築いたレンガの城は、彼の努力と忍耐の積み重ねを表しているのでしょう。

エース（1）は、すべてのはじまりを表す数であり、創造を意味します。心に宿る豊かさが、多くの恵みをもたらすように、彼はこの世に楽園を築くために、エネルギーを注ぎ続けているのでしょう。天の祝福が与えられる日を信じて、丹精込めて自身の世界を築こうとしている主人公には、地上そのものが楽園であり、顕現する世界の素晴らしさを日々感じ取っているに違いありません。天空に現れた巨大なペンタクルは、「求めよ、さらば与えられん」という聖書の言葉を彷彿させます。求めるものが、すなわち彼の世界であるということを伝えているようです。

Card Reading　〜このカードが出たら〜

【正位置の場合】

　長い時をかけて培ってきたこと、惜しみなく力を注いできたことが、大きな成果をもたらす時期。忍耐強く続けてきた取り組みの、実質的で具体的な結果として成功を手にできるでしょう。ビジネス上の幸運、財産、繁栄を意味するこのカードは、実りを受け取る可能性を示唆しています。経済的な不安を抱いていた人は、才能や能力が高く評価されて、収入増のチャンスがもたらされるかもしれません。強力なサポーターや援助者の出現や、永続的な繁栄の基礎を意味する場合もあります。

　あなたがスタートを切ろうとしている分野は、将来大きく発展していく可能性が高いでしょう。「利益や収入は後からついてくる」という意気込みで突き進んでゆけば、予想以上の成果を挙げることは確実です。資産の増加や、財政の豊かさも暗示。経済的な安定を得て、ゆとりある暮らしや愛情に満ちた関係が根づく兆しも。

【逆位置の場合】

　期待値が高い割に実りが少なかったり、予想していた結果を得られず、不満を抱くかもしれません。もっと収穫があっていいはずなのに、苦労ばかりが大きくてガッカリするかも……。落胆や消沈が続くかもしれませんが、目に見える評価や数字として表れていないだけで、必ずしも失敗とは限りません。余力があるなら、再びトライする準備をしたり、方向性を模索することで、より良い条件での成功をつかめるでしょう。

ひと言オラクル　社会的な基盤が整ったり、幸運な発展が期待できる時。長い年月をかけての地道な取り組みや、労力を注いできたことが結実するでしょう。経済力がアップしたり、資産を築ける兆しも。

小アルカナ

ペンタクルの2 Two of Pentacles

【Key Words】

正位置 資産を運用する、物事を取りまとめる、やりくり上手、管理能力、適材適所、堅実な取り組み、変化、変容、これまで培ってきたものを使って対価を得る、コントロールする、自己管理、生まれ持った才能や得意分野を生かす

逆位置 変化を求めて失敗する、リスキーな選択、スキルアップの努力が徒労に終わる、困難な状況、見込みの薄いことにチャレンジする、先の見えない不安、現状を維持しきれない

Story ～カードに秘められた物語～

　自分の才覚に目覚める……。人生の旅の途上で、主人公は自らの才能や才覚に目覚め、それらを発揮して生きるすべを見いだしたのでしょうか。ペンタクルを器用に扱う姿から、彼が余裕やゆとりを持って、楽しんでいる様子がうかがえます。

　番号の「2」は、受容性を表す数であり、受け身でありながらも、与えられたものをさらに発展させていく姿を象徴しています。彼は置かれた環境や自分自身を受け入れて、それをのびのびと育んでいるのでしょう。満ち足りた人生を営むためには、今あるものの良さを評価し、それを大切に扱い育てるほうが、与えられた無限の可能性を切り開いてゆけると伝えているようです。背景の荒波は、環境に抗うことで生じる問題や、本道からそれることで遭遇する、困難な道を暗喩しています。

　いずれの道も選択は可能なれど、今は冒険に出ることを望んではいないのかもしれません。リスクを負うよりも、確実な手ごたえのある選択をすることで、彼の望む充実した人生を営もうとしているのでしょう。

Card Reading　〜このカードが出たら〜

【正位置の場合】

　安定した暮らしや、余暇を楽しむことに焦点が当たっています。もっと自分の能力を生かしたいという願望があっても、具体的にどうしたらいいのか、策を講じるまでには至っていないのかもしれません。自発的に行動を起こすよりも、何か大きな流れの中で、できたらレールの上を走るほうが気楽だと考えていることも。変化を求めながら、現状にとどまったほうが安全策だと、心の片隅で感じている場合もあるでしょう。

　違う生き方を目指して冒険するだけの、準備や気概はないのかもしれません。あるいは、自分の才能に気づき、他の選択肢を断念して、それを発展させようとしているのかも……。いずれにしても、いくつもの可能性の中から、何かを選び出していくには違いないでしょう。でも今は最もリスクの少ない形で、現状を良くするためにどうすべきかを模索している最中のようです。

【逆位置の場合】

　現在の状況に不満を感じていたり、エネルギーを持て余しているなど、パッとしないムードを表しています。変化を求めて行動を起こそうとして失敗したり、能力以上のことを引き受けて、困難に陥っているとも考えられます。何かすればするほど空回りして、フラストレーションがたまるかもしれません。この時期は無謀なチャレンジや、リスクの高いことには手を出さないほうがいいでしょう。

ひと言オラクル　隣の芝生は青く見えるものだけど、自分に備わった力を軽視することのないように。あなたが価値を見いだせば、あなたの潜在能力は強力な力を発揮します。現状を維持し、発展させることがテーマです。

ペンタクルの3 Three of Pentacles

小アルカナ

【Key Words】

正位置　熟練度が上がる、昇進、名声を得る、専門分野、実質的な価値、継承する、ビジネス・学業面での向上、上昇志向、評価される、建設的な考え、設備投資、充足、技能・技術を習得する、その道で才能を発揮する、文化・芸術面で活躍する

逆位置　否定的な態度、不平・不満にとらわれる、努力の結果は期待通りではないと決め込む、実力を出し惜しみする、頑なな態度、未熟な考え、安直さ、できるならラクをしたい、用意ができていない

Story　～カードに秘められた物語～

　人生の質的な向上を目指す……。ひとつ前の「ペンタクルの2」で自分に備わった才能を発見した主人公は、より優れた能力を発揮するために、熟練のチャンスを得たようです。輝かしい前途を感じさせるアルカナです。

　番号の「3」は、創造的な活動を体現する数であり、1からスタートした行動の完成や成就を意味しています。生まれ持った才能を社会で生かし、自らの生活と能力の向上を目指す主人公の営みは、ここで具体的な形に実らせることでしょう。何となく取り組んでいたことが、それなりの形をとりはじめて、今後の礎(いしずえ)となる大きなプロジェクトを任されたところなのかもしれません。それは、主人公にしか達成できない道であり、天職やライフワークとなってゆく可能性も秘めているようです。

　ただし、現在のところは、これまでに経験のないことを依頼されて、困惑しながらも、果敢にチャレンジしようとしている姿を暗示しているのかもしれませんが……。いずれにしても、彼がやりがいを見いだしていることには違いないようです。

Card Reading　〜このカードが出たら〜

【正位置の場合】

　心を悩ませていた問題は、解消されつつあるようです。それは才能に関することか、経済面や将来のビジネスに関することで、これまで予想していなかった評価や厚遇を受けることになるでしょう。過去を振り返り、努力の割には実りが薄いと悲観していたとしたら、今すぐ心の持ち方を変えてください。あなたが気づいていないだけで、とても恵まれた状態へと間もなく導かれます。この幸運の流れはしばらく続きます。才能にさらに磨きをかけて、ステージアップのための準備をしましょう。

　あなたの実力や実績を聞きつけて、引き抜きの話が舞い込んだり、昇進や昇給の兆しもあります。自信を回復し、やる気を失っていたことに、新たな希望の芽が育ちはじめるはず。あなたの物語を築くのは、あなた自身でしかないのですから、意欲を奮い立たせることが大切です。

【逆位置の場合】

　自分自身の能力や可能性を、今ひとつ信じ切れていなかったり、後ろ向きな状態で取り組んでいる姿勢を暗示しています。今が重要な時期だと理解していながらも、能力を出し切れていないのかもしれません。「どうせ失敗するかもしれない」などと否定的な考えでいたら、うまくいく流れさえも、失望へと転じさせてしまうでしょう。心の弱さや逃げの姿勢を、自分に許してはいけません。あなたが立ち向かうならば、消えかけていた希望の光が、再びともされるでしょう。

ひと言オラクル　一歩一歩、着実に成長している時。過去を振り返れば、見違えるほど進歩している自分に気づけるでしょう。壮大な建造物も、最初は土台造りからはじまるのです。盤石な礎をしっかりと築いて！

ペンタクルの4 Four of Pentacles

小アルカナ

【Key Words】

正位置　安全や安定を求める、自分の考えに固執する、すべての努力が実を結ぶ、所有欲、物心両面で満たされたいと望む、自己防衛、生活基盤を得る、思いがけないチャンス、新たなパートナーシップ、取引や交渉の締結

逆位置　物事が遅延・停滞する、やる気が損なわれる、損失、過ちや過失、立場を維持するのに苦労する、わがままな考え、不安定、不満足な結果、パートナーとの対立、大きな冒険は避ける

Story 〜カードに秘められた物語〜

　守りの姿勢……。主人公は目標に向かって才能に磨きをかけ、修業を積んで、盤石な基盤を築いたのでしょう。ペンタクルを抱く彼の姿には、培ってきたものを守ろうとしている意思がうかがえます。しっかりと着実に自分の生活を築き、経験を積んできたからこそ、何ものにも奪われたくないという思いが強くなっているのかもしれません。ひとたび戦乱や動乱の世になれば、奪い去られてしまうかもしれない彼の生活を、なんとしてでも守り抜きたい……と願っているのでしょう。

　番号の「4」は、秩序と安定をもたらす数であり、3で完成した世界を守り、定着させるという意味があります。主人公は必死な思いで、彼の愛する人や暮らしを守るために、奮闘しているのかもしれません。

　変化必定の世なればこそ、安定した関係や、穏やかな暮らしを維持することは、決して簡単ではありません。安心できる生活を保つためには、いつだって真剣に、すべてと向き合う必要があるということを、このアルカナは教えているのでしょう。

Card Reading 〜このカードが出たら〜

【正位置の場合】

　築いてきたものを守りたい、愛する人と穏やかな暮らしをしたい、という願いが強くなっているようです。または、自分の力を信じて取り組んできたことが花開き、社会的な基盤を築くことに成功したのでしょう。安心できるポジションや暮らしを得るために、相当の努力をしてきたことを物語っています。十分な蓄えや、申し分のない経済力を示唆していることも。いずれにしても、あなたの願いはことごとく叶（かな）ってきているか、物事が順調に進行していることは間違いないでしょう。

　一方で、現在の安定を揺るがすような、冒険的な話が舞い込み、どうすべきかを考えあぐねているかもしれません。安定を保ちたいという思いが、大きな発展へ至ることの妨げとなっている場合も……。今は周囲の意見に耳を傾けるよりも、自身の心の声や、直感を大事にしたほうが得策です。内なる声に従えば、後悔のない結果になるに違いありません。

【逆位置の場合】

　あなたが求めれば求めるほど、事態が悪化する可能性を暗示しています。物欲や合理的な考えから決断したことが、計算違いの結果をもたらすかもしれません。良かれと思ってしたことが、真逆の出来事を引き寄せる場合も……。上手に世渡りしようと考えるよりも、今あるものを大切にすることを優先したほうが無難です。パートナーシップがうまくいかなくなったり、頑（かたく）なな態度によって反感を持たれる恐れもあります。

ひと言オラクル　人一倍努力を重ね、人生を有意義に過ごしたいと望んでいるようです。重大な責任やプレッシャーに負けないように、自己の向上を目指しているかもしれません。物質面・経済面で充足する暗示が！

ペンタクルの5 Five of Pentacles

小アルカナ

【Key Words】

正位置　物質的・精神的に困難な状況に陥る、これまでのやり方が通用しない、孤独、欠乏感、自己不信、自信喪失、失意、失望、不遇な環境、過酷さが増す、不信感、よりどころを失う、価値観を変えることで救いを得る、決意を新たにする

逆位置　逆境を通して高次の精神性に目覚める、魂の目的に気づく、天啓、転身をはかる、消耗の激しい生き方を変える、真実の愛や友情で結ばれる、一念発起してやり直す、目に見えない価値を知る

Story 〜カードに秘められた物語〜

　失意の中で見いだした希望……。あれほど注意深く取り組んできたはずなのに、主人公は窮地に立たされたのでしょうか。安全だと思っていた取引に失敗したのか、あるいは内戦や動乱の勃発によって、資産を失ってしまったかのようです。彼に残されたものは、わずかな衣類と、彼を信頼する従者のみ……。過酷な状況下で、彼は再起に向かってさまよっているのかもしれません。背景のステンドグラスの温かい光は、彼が失ってしまった安定や、安寧な暮らしを象徴しているようです。

　番号の「5」は、創造的なエネルギーと精神性の象徴であり、創意工夫することで、新たなステージに立つことを暗示しています。彼はすべてを失ったように見えますが、実際には、物質的に依存していたものを手放しただけ。精神性には、さらに磨きがかけられたのでしょう。

　何かに依存したり固執することなく、真の平安を手にするために、再び人生に立ち向かうことを余儀なくされた彼を照らす光は、彼の魂が真の目的に目覚めつつあることを暗示しているかのようです。

Card Reading 〜このカードが出たら〜

【正位置の場合】

　何かがうまくいかなくなっているかもしれません。これまで価値を見いだしてきたことが、まったく意味をなさなくなり、よるべない気持ちで、ふさぎこみたい思いに駆られていることも。しかしながらこのカードは、決して悪い意味だけではないのです。逆境の中で、これまで感じられなかった人の情けや、あふれるほどの愛を受け取る兆しがあります。気分がすぐれないのは、今までの暮らしや安定した関係が瓦解したように感じているだけのことで、本当の意味では何も失ってはいないはず……。

　どんなに厳しく過酷な状況に置かれたとしても、現実的にとてもつらくても、心まで貧しくしてはなりません。物質的な価値や成果を求めるばかりではなく、心を豊かに保ち、思いやりや慈しむ心を失わないように。この時期に体験する価値観の変化は、あなたの人生を本当の意味で質的に向上させるでしょう。

【逆位置の場合】

　精神的にきつい状態や、激しい感情を暗示しています。「救いが欲しい、誰か助けて！」と……。どうにもならない状況の中で、孤独に立ち向かっているあなたは、ドン底にいるように感じているかもしれません。ですが、間もなく状況は好転し、待ち望んでいた救いが訪れるでしょう。このアルカナは、奇跡的な体験をして、人生観がガラリと変わる可能性を示唆しています。高い精神性に目覚めたり、深い愛に気づくことも。

ひと言オラクル　価値観が変化したり、ストレスの多い時期かもしれません。物質的な豊かさや安定は永続的ではなく、もろいものだと気づかされるかも……。でも肩を落とさず、新たな環境で生き直して！

ペンタクルの6 Six of Pentacles

小アルカナ

【Key Words】

正位置
寛大、親切、経済的な援助、支援、商業的な発展、慈善事業、恩恵を受ける、キャリアの向上、蓄財、スポンサーが現れる、スポンサーになる、当事者と周囲に実りがもたらされる、満足のいく結果、福祉や奉仕活動

逆位置
願望が高まる、見せかけの善意、自己保身的な態度、バランスの欠如、すっきりしない状況、不満が残る、不完全、気がかりな問題、不備や不調和、見かけ倒し、嫉妬や羨望

Story ～カードに秘められた物語～

　ひとつ前の「ペンタクルの5」で逆境をさまよい、高次の精神性に目覚めた主人公は、新たな人生を生き直すために尽力して、再び成功と繁栄を手にしているのでしょうか。社会的立場や地位が復活し、困難な状況にある人々を助けるために、救済活動に励んでいるようです。

　彼は辛苦をなめた経験から、すべての生命への貢献を志すに至ったのかもしれません。窮する人々に愛と温情を施し、病める人を救いたいと願っている様子がうかがわれます。あるいは、求める者にはすべからく与えられるということを、身をもって体現しているのかも……。

　番号の「6」は、万物を生じさせる3の組み合わさった数であり、調和とバランスを意味しています。物質的な価値を希求した末に、精神性の大切さに気づいた彼は、物心両面で満たされ、周囲にも豊かさをもたらそうとしているようです。自分自身の価値や目標を追い求める中で、自他の隔てなく愛と豊かさを分け合うことが、すべてを富ませる根源的な営みにのっとった、自然の働きであると言うかのように……。

Card Reading　〜このカードが出たら〜

【正位置の場合】

　運命の悪戯のように障害に翻弄された時期は過ぎ去り、ようやく多くの恵みを受け取るでしょう。これまでの困難がウソのように、穏やかで満ち足りたひとときを迎える兆し。心は晴れ渡り、危惧は消失するでしょう。これまでの努力が果実となって、具現化することを示唆しています。

　自分が満ちているように、周りも潤わせようと心を砕き、人のために役立つ仕事に着手しようとしているかもしれません。新規の事業や新たな取り組みに、エネルギーを傾けるといい時期でもあります。

　あなたの行動は、すべからくうまくいくでしょう。困っている相手から相談を受けたなら、できる限りの援助をするように。与えれば与えるほど、多くの恵みがやってくるはずです。あなたの善意からの行動が、より多くの副産物としての幸福をもたらすのです。福祉や慈善事業に参加したり、人々の助けになるような幅広い活動を志すと、名実ともに発展が。

【逆位置の場合】

　バランスを欠いた状態を暗示しています。努力のかいなく、十分な見返りを得られなかったり、不満の残る結果となるかもしれません。あるいは、予定していたよりも多くの資金が必要になるなど、計算が狂うかも……。いずれにしても、順調にいくと思っていたことの不備が発覚したり、予定通りにいかないことが、たび重なる可能性の高い時期。最悪の結果を想定して、事に臨んだほうがいいでしょう。

ひと言オラクル　困難を乗り越えたあなたに、祝福の光と恵みが注がれます。努力が報われたり、環境や経済面で充足するでしょう。人の助けとなることや、役立つことを手がけると、ますますの発展の波が！

ペンタクルの7 Seven of Pentacles

【Key Words】

正位置　試行錯誤、苦悩、実りはあるが手ごたえがない、考えていたことと異なる結果、理想と現実のギャップを感じる、反省すべき点が多い、今後の課題が山積み、進捗への不満、不測の事態への備えが必要、マイナス面がクローズアップされる

逆位置　イメージが明確になる、課題が見えてくる、節目を迎える、決心を固める、新しい方向性が定まる、実力以上の成果を得る、内面の苦悩が自分を成長させる、慎重な取り組みが功を奏す

Story ～カードに秘められた物語～

　世のため人のため、そして自分自身のために努力を重ねてきた主人公は、新たな問題を抱えたのでしょうか。多くの実りを前にしながら、不満げなその表情からは、彼が何か悔恨している様子が感じられます。「このままでいいのか……」「もっとできることがあるはず……」そんな思いが心を支配しているのかもしれません。あるいは、成果が予想よりも下回っていたのかも……。どうすれば、現状をもっと理想に近づけることができるのか、そして平穏な暮らしを築けるのかと、日夜、頭を悩ませている主人公にとって、今は試行錯誤の時期なのでしょう。

　番号の「7」は、創造原理を表す3と物質原理を表す4が合わさった数であり、ひとつの周期の完了や、完成された意識を表します。しかしながら、変転する世に生きる主人公にとって、この結実はプロセスにすぎず、目的を達成したがゆえに、過去の取り組みを内省する思いや、無念さがわき起こっているのかもしれません。彼の想像していた現実と、リアルな現実との狭間には、大きな隔たりがあったようです。

Card Reading 〜このカードが出たら〜

【正位置の場合】

　努力が成果をもたらす時だけれど、単純には喜べない理由があるなど、複雑な心境かもしれません。目標達成したときの結果を、誇大妄想していたのかもしれませんが、現実には問題がクリアされたわけではなく、さらなる問題を引き起こしている場合も……。喜びと苦悩がないまぜになったこのアルカナは、まだやるべき課題が残されており、それは一筋縄ではいかないことを暗示しています。すべてがハッピーにいくなんてないのかも……そんな憂いを感じていたとしても、ここまで頑張ってきた自分を過小評価しないように！　物事にはメリットもあれば、デメリットも存在するのだから、くよくよせずに乗り越える方法を考えましょう。

　また、今の取り組みを続けるべきか、方向転換するべきかで悩んでいる場合もあるでしょう。その問いに関しては、あなたが価値を見いだせないだけで、実際には多くの実りを内包していることに目を向けて。

【逆位置の場合】

　今後について模索していたり、迷いや不安を感じている様子を暗示しています。大きなチャンスを得たものの、どうしていいのか考えあぐねているかもしれません。果実を収穫しても、出荷工程の作業なくしては換金できないように、実りを確実なものとするには、あと少しの努力が必要なようです。面倒に感じていることを、まず先にクリアしてください。あなたの望みはきっと叶えられるでしょう。ゴールは目前です！

ひと言オラクル　完璧を求めれば、現状に不満を抱いたり、足りないものに目がいくかもしれません。でも、精いっぱい取り組んできた自分を評価してあげることも大切。足りない分は今後の活動で補っていきましょう。

ペンタクルの8 Eight of Pentacles

小アルカナ

【Key Words】

正位置 地道な努力、真面目な取り組み、熟練する、技術の向上、トレーニングに励む、将来性がある、認知される、アイデアやプランの実行、具体的な成果が上がる、可能性の芽がある、将来のヴィジョン、忠実、実務能力、評価が高まる、準備万端

逆位置 疲労感、マンネリな状況、変化を求める、限界を感じる、凡庸、虚しい努力、才能や技術を生かせない、能力を補うために工夫する、目的のためなら手段を選ばない、経験や能力のなさを指摘される

Story ～カードに秘められた物語～

　無限の可能性……。自分に不足しているものが何なのか、目標にすべきことが何なのか、明確になった主人公は、真摯に努力を重ねているようです。世間に認めてもらうまでには、まだまだ修業が必要だと痛感した彼は、寸暇を惜しんで技術の向上を目指し、自分に課した課題をクリアすべく、一途に取り組み続けているのでしょう。自己の内面と対話しながら、ひとつずつ着実に進歩をとげている彼は、確かな現実の手ごたえを感じているのかもしれません。多くを望めば、それなりの努力が必要で、手を抜いたり休んでいる暇などないというように、真剣に現実に向き合っている彼の姿には、魔の差す余地さえないようです。

　番号の「8」は、無限の可能性と完全なる調和を意味する数であり、力の使い方を学ぶ必要性を示唆しています。主人公もまた、自身の可能性に気づき、それを達成するために、ひたむきに努力を重ねているのでしょう。もはや迷いや不安はまったくなく、目の前の作業に従事する喜びをかみしめながら……。

Card Reading　〜このカードが出たら〜

【正位置の場合】

　新たな可能性のステージに立ったところであるか、または自己の可能性に目覚め、真摯に取り組んでいる最中かもしれません。漠然と夢を追いかけるのではなく、得意分野に磨きをかけて、ランクアップを図ろうとしているのかも。このアルカナは無限の可能性と、その努力がいずれ実ることを暗示しています。現時点では、夢の実現まで長い道のりに思えるかもしれませんが、このプロセスは今後の発展のために、とても重要な意味を持っているのです。たとえ障害にあったとしても、迷いや誘惑に負けないだけの精神力が、十分に備わっているはずです。

　自己の能力と未来を信頼してください。素晴らしい建造物もプロセスの積み重ねによって完成に至るのですから、少々時間がかかったとしても、落胆しないように。むしろとても恵まれた状況にあることに感謝して、日々励みましょう。あなたの夢は、順調に具現化に向かっています。

【逆位置の場合】

　自己の限界を感じたり、疲労やストレスの多い状況を暗示しています。努力することはかまわないけれど、それで本当に日の目を見るのだろうか……という不安を抱いているかもしれません。また、閉塞的な考えや、保守的な気持ちが強くなっていることも。疑いや不安は意欲を喪失させ、将来の芽をつみ取ってしまいかねません。信頼できる人に相談したりして、真剣さを欠いた逃げの姿勢にならないように注意が必要です。

ひと言オラクル　朗報の訪れや展望が開けてくる兆し。計画は順調に進行するでしょう。あなたのために用意されている未来に期待して、真摯な取り組みを続けてください。対人面では、信頼できる関係を暗示しています。

ペンタクルの9 Nine of Pentacles

小アルカナ

PENTACLES

【Key Words】

正位置 幸運な展開、才能が花開く、出世、チャンスの到来、企画の進展、昇進、昇給など収入増、期待以上の成果、飛躍、最上級の喜び、円満な関係、結婚、恵まれたパートナーシップ、幸運の絶頂を味わう、豊かな恵み、良識ある人物

逆位置 野心家、堕落、深追いする、無理やり進めようとして失敗する、打算的な考えや関係性に注意、良い話を持ちかけられても真に受けないように、欲は欲によって滅びる、控えめな行動が吉

Story ～カードに秘められた物語～

どんなときでもベストを尽くし、長い間ひたむきな努力を重ねてきた主人公は、ついに目標を達成したのでしょうか。喜びに満ちた表情で、自ら築きあげた世界でくつろいでいるようです。果実がたわわに実る美しい庭園は、彼が偉業を成しとげた証です。優美な衣服をまとい、平穏と安らぎに満ちた彼の姿からは、何不自由のない暮らしと、豊かな環境の恩恵に与っている様子がうかがえます。

番号の「9」は、1桁の数字の最後を締めくくる数であり、完了や完結を意味しています。1からはじまった創造的な取り組みは、見事な成功をもたらしたのでしょう。彼がかつて思い描いた夢は、さまざまな艱難辛苦を乗り越え、納得のいく形で具現化したに違いありません。

このアルカナは、経済面での豊かさや、物事の達成、願望の成就を暗示しています。自分自身で築いてきた楽園で、のびのびと過ごしている主人公は、すべての取り組みはいずれ素晴らしい実りを迎える、ということを物語っているようです。

小アルカナ　ペンタクルの9

Card Reading 〜このカードが出たら〜

【正位置の場合】

　あなたの取り組みが、素晴らしい成果となって具現化する時。夢に描いてきたことが、現実のものとなる暗示です。予想以上にビッグなチャンスが訪れたり、昇進や昇給が約束されるかもしれません。ステージアップが叶(かな)う時期ですが、幸運な出来事の数々は、ひとえにあなたの人柄と与えてきた恵みの果実でもあります。これまでの苦労や苦悩、そのすべては、ここに至るためだったのだと、実感することができるでしょう。

　もしも、目標達成まであと一歩のところにあるならば、最後まで完遂するように、気を引き締めて事に当たってください。あらゆる経験や人脈が、あなたにとって最上の結果をもたらすことでしょう。

　対人面では、その道で成功した人物や、有力者とご縁ができたり、新たな関係性がスタートする兆しです。不安に思っていたことは解消されて、心配していたことは事なきを得るでしょう。

【逆位置の場合】

　成功のために、多くの犠牲を払わねばならなかったり、予想通りにいかない現実の壁にぶつかることを暗示しています。描いた夢は、「絵に描いた餅(もち)」で終わるかも……という失望感がわき起こってきたり、不安にとらわれるかもしれません。かといって、成果や利益を重視しすぎると、大切な基盤まで失ってしまいかねないでしょう。引き際の美学という言葉もあるように、一歩引いて態勢を立て直したほうがいい時期です。

ひと言オラクル　待ちに待った大きな実りの季節！　経験や努力の集大成のような、ビッグなチャンスが訪れるかもしれません。忍耐してきた自分に誇りを持って、来る者は拒まずの姿勢ですべてを受け止めましょう。

小アルカナ

ペンタクルの10 Ten of Pentacles

【Key Words】

正位置 満ち足りた環境、繁栄、安定、莫大な財産、建設的な関係、生活力や経済力を得る、平和と安らぎの象徴、豊富、家庭的、優雅、資産、血統、家柄、邸宅、利益、増資、より良い人間関係を築く、永続、プロジェクトが大成功する、人々を導く

逆位置 瑣末(さまつ)な問題、トラブルが起きる、成り行きに不安がある、過去にとらわれる、うまくいかないことへの不満、住居や人間関係の悩み、維持できない、手放したほうがいいのに手放せない思い

Story 〜カードに秘められた物語〜

さまざまな経験と努力の末に、豊かな富を築いた主人公は、莫大(ばくだい)な資産を背景に、優雅な暮らしを送っているようです。彼の望みは満たされ、穏やかな余生を過ごしているのでしょう。彼は王国を築き、大家族の中で、豊かな暮らしの恩恵に与(あずか)っているようです。このアルカナでは、主人公がこれまで目指してきたものが完全に成就し、平和で穏やかな人々の営みと豊かさが体現されています。

番号の「10」は、1から9までの1桁(けた)のサイクルが完結し、よりハイレベルな次元での発展や、はじまりを意味する数です。主人公が、自分自身のために切磋琢磨(せっさたくま)してきたことは、多くの人に恵みをもたらし、揺るぎない王国を築くに至ったのでしょう。

自分のやるべきことを全うしてきた主人公は、第一線を退いているものの、未来を築いてゆく若者や子どもたちを見守っている姿には、「この平和な時が幸せが永久に続くように……」と人々を守護し導く、オールドワイズマンの姿が重ね合わされているようです。

小アルカナ　ペンタクルの10

Card Reading　〜このカードが出たら〜

【正位置の場合】

　恵まれた環境や健全な営みを表し、とても発展的な流れにあることを暗示しています。打ち上げ花火的な成功ではなく、堅実で後々も続いてゆく安定した成功であり、信用や社会的地位が向上する兆しです。あなたの取り組みは、内外から評価され　盤石な基盤の上にポジションアップしていくはず。あるいは、平穏な暮らしの中で確かな手ごたえや、心の支えを得ることができるでしょう。永住の地を意味する場合もあり、拠点を構えたり、マンションや一戸建てを手に入れるかもしれません。

　いずれにしても、これまでの活動の拡大と発展の流れであることは確実であり、長年の望みがようやく叶えられることでしょう。資産や伝統を継承したり、新たな家族を迎えるなど、家系に関して大きな恵みが訪れることも。ここでの幸運や恵みは、偶然もたらされたものではなく、あなたが最後まであきらめないで、努力してきたことの証であるのです。

【逆位置の場合】

　過去を回想して、昔は良かったという思いや悔恨にとらわれたり、望みが叶えられないまま無為に時を過ごしている暗示です。別れた相手への未練や、昔を懐かしむ思いが前進を妨げているかもしれません。不毛な思いや、現状への不満から心を解き放ち、再び人生と向き合うことが大切です。過ぎ去ったことから学ぶべきことを学び、新たな思いで歩み出すならば、気がかりな問題は取り除かれるでしょう。

ひと言オラクル

たゆまぬ努力を続けてきたあなたに、祝福の光が注がれています。恋人や友人、家族への愛が深まり、さらなる発展の扉が開かれるでしょう。穏やかな安らぎのひとときが、幸運をもたらします。

SWORDS 小アルカナ ソードの王 King of Swords

【Key Words】

正位置 権威や権力のある人物、ヒューマニズム、良識的、知性的、決断力がある、有能な人物、豊富なアイデア、柔軟な知性、的確な判断力、知識、知恵、恩恵、新しい知識や経験を生かす、課題を明確にする、効率的、自律心、将来の見通しがある

逆位置 力で支配しようとする、残忍さ、危険を伴う、未来が不確定、悪意を感じる、邪心や邪念、当たり前だったことへの疑問、立場をわきまえない行動、安易な決断、危機に気づけない、無責任な態度

Story ～カードに秘められた物語～

　ソード（剣）は知性や知恵の徴（しるし）。多くの戦いを経験してきた王は、武力を行使して国を治めるのではなく、争いのない国づくりを目指そうと、法や秩序を大切にして、国を整備しようとしているようです。これまでの経験と知識の豊富さから、さまざまなアイデアによって、偉業をなしとげようとしているのかもしれません。あるいは、愚かな争いの連鎖を断ち切るために、剣を放棄しようとしているのでしょうか。

　知的で博識な王は、威厳に満ちた姿でソードを掲げていますが、その心は自分自身の内なる正義感にあふれ、未来を見据えているようです。絶対的な権力を備えた彼の力は強大であり、それゆえに、己の邪心や愚行によって、国力を衰えさせることのないように、自分自身を律してもいるのでしょう。泰然と構えたその姿勢からは、剣を扱う者の心得が感じられます。人を生かしも殺しもする、剣の力を熟知している彼は、みだりにその力をふるうことのないように、神聖な剣を掲げて、自ら誓いを立てているようです。

Card Reading 〜このカードが出たら〜

【正位置の場合】

　冷静な判断力や、決断力にあふれています。やるべきことが明確になり、頭脳も明晰な状態で、物事をクリアに見通すことができるでしょう。知識や知恵、良識を暗示するこのカードは、最善の方法で問題をクリアすることを示唆しています。必要な情報や人脈に恵まれて、スムーズな展開が期待できるはず。幅広い知識と経験値を持つ人物が協力してくれたり、築いてきたネットワークに助けられることも多いでしょう。

　また、周囲から頼りにされたり、あなたの意見が尊重される兆しです。この時期は、率先してリーダーシップをとったり、アイデアを出し惜しみしないで発表してください。あなたが当然のように思っていることでも、周囲にとっては斬新で、未来を切り開くきっかけになることも少なくありません。思いがけず、新規のプロジェクトの話が持ち込まれたり、立場や地位の向上も期待できそうです。

【逆位置の場合】

　責任逃れをしたい思いや、不利な状況にあることを暗示しています。あるいは先行きが見えず、不安に感じているかもしれません。相談したくとも、頼れる人物がいないことも……。情報に振り回されやすく、安易な行動をとりやすい傾向を表していることもあります。大きな決断には、もうしばらく時間をかけたほうがよさそうです。自分の主張や考えにこだわりすぎず、柔軟な姿勢で対応すれば、最善の策が見つかるはず。

ひと言オラクル　あなたの知識や経験が生かされ、具現化する時です。困難な出来事に遭遇しても、冷静沈着にふるまえばやりすごせるはず。対人面では公平な態度を心がけると、信頼度が増すでしょう。

SWORDS 小アルカナ ソードの女王 Queen of Swords

【Key Words】

正位置　思慮分別がある、頭脳明晰、洞察力、合理的、客観的、信念、忍耐、公正な態度、上品さや品格、計画的、中庸の精神、気高さ、プライド、冷静沈着、判断力、重いプレッシャー、慎重派、聡明な人物、批判的な態度

逆位置　理解されない悲しみ、信念が揺らぐ、情報過多、忍耐力が試される、判断を誤りやすい、客観性を欠く、孤独感、物事がうまくいかないような不安にかられる、揚げ足を取られる、準備段階

Story 〜カードに秘められた物語〜

　剣を掲げて前方を見据える女王は、何か策を講じているのでしょうか。思慮深いその表情からは、何か深い考えがあって、事を推し進めようとしていることが感じられます。人々を導く高邁(こうまい)な思想と、指導力を兼ね備えた女王は、揺るぎない信念のもと、国政のために日々尽くしているのでしょう。時には大胆に決断し、また時には人々の考えに耳を傾け、より良い国づくりのために改革していこうとする精神が、背筋をまっすぐに伸ばした、凜(りん)とした姿勢からも伝わってくるようです。

　一見クールに見えますが、それは何かに肩入れして公正さを欠かぬように、自分自身を律しているせいかもしれません。深い洞察力と知性にあふれた女王は、近寄りがたい雰囲気を漂わせていますが、それは先行きを見通すことを何よりも大切に考えているために、常に神経を張りつめているからなのです。自分自身が手本となるように鍛錬している女王は、人々から尊敬と厚い信頼を寄せられていることでしょう。

小アルカナ　ソードの女王

Card Reading　〜このカードが出たら〜

【正位置の場合】

　思慮深く判断力もある時ですが、難題を抱えている兆しも。大きなプロジェクトを任されて頭を悩ませていたり、わずらわしい問題を解決しようとしている最中かもしれません。また、自分では正しいと思っていることが、まかり通る状況ばかりではないために、試行錯誤していたり、人間関係の瑣末な問題でバランスをはかろうと苦心していることも。

　しかしながら、それは手に負えない問題ではなく、忍耐と苦労があっても必ず乗り越えられると、このカードは告げています。研究心と観察力に磨きをかけ、小さなことでも軽んじたりしなければ、クリアする突破口が開けます。新規の取り組みは、最初は苦難の連続だったとしても、最終的に素晴らしい結果を手にできる暗示です。先取り気質にも恵まれていますから、思い立った計画は、そのままにせずじっくり検討したり、ブラッシュアップして、実行に向けて準備をするといいでしょう。

【逆位置の場合】

　完璧だと思っていたプランの不備が発覚したり、仕切り直しをしなければならない状況を暗示。イライラしたり、神経を逆なでされるような出来事があるかもしれませんが、怒りや感情の波にのまれないように、心を冷静に保ちましょう。これまで気づかなかった、より良い方法が見えてくるかもしれません。対人面は、忍耐力が試されるような出来事や問題に直面する気配があります。表面的なことで判断しないように。

ひと言オラクル　直感が冴えわたっています。外野の反応がどうであれ、自分の考えを貫いて！　他の人には見えていないことも、あなたには見通せているはず。新たな展開が可能になる時だから、実直な行動を大切に。

SWORDS

小アルカナ

ソードの騎士 Knight of Swords

【Key Words】

正位置 　正義感、英雄的行為、勇敢、創造的活動、先駆的なアイデア、有望な人物、リスクを負っても前進する気概、投資、投機、事業展開、厳しい現実に立ち向かう、改革、革命、尊敬される人物、勇気、才気煥発、行動力、収入増、キャリアアップ

逆位置 　エネルギーの浪費、集中力の欠如、先走り、猜疑心、閉塞状況、勘違い、解決しない問題、破綻、コントロールできない状況、不平や不満、自己の信念や理念が覆される、立ち往生する

Story　〜カードに秘められた物語〜

　いざ行かんとばかりに、ソードを振り上げて進軍する騎士は、パワーにあふれているようです。己の力と勝利を確信して、彼は戦いに挑もうとしているのでしょう。何であれ行動を起こさなければ、現実を変えることはできない……。それを実感している彼は、改革を推進するために、そして正義のために、勇気を奮って立ち上がったのかもしれません。

　先んずれば人を制すとばかりに、他の誰にも先駆けて出陣した彼は、迷うことなく、勝利への道を邁進しているのでしょう。彼の勇姿は、人々をも奮い立たせ、今や向かうところ敵なしとばかりに、勇敢に敵陣に向かっていく……。完全なる勝利は、目前のようです。

　考えあぐねていても答えが出ることはなく、人生には決断しなければ立ちゆかないことも、しばしばあるものだということを、ソードの騎士の姿は告げているのかもしれません。一度決めたなら、全力を尽くして立ち向かってゆくことが、人生を切り開くカギであり、後悔のない生き方であると言うかのように……。

小アルカナ　ソードの騎士

Card Reading　〜このカードが出たら〜

【正位置の場合】

　気力、体力、集中力があふれている時。やるべきことや目標に向かって、邁進しているかもしれません。あるいは、志高くして、難関を突破しようとしている最中かも……。心に迷いはなく、結果を出すために全力投球していることでしょう。たび重なる試練に立ち向かってきたあなたにとって、前進することは楽しみに満ちた冒険。行く手を阻むものが何であれ、屈しないだけの強い精神力と勇気があれば、不可能なことはないのでしょう。今は後ろを振り返っている時期ではありません。

　環境を変えたい、やりがいのある仕事に就きたいなどの願望を、形にするチャンスです。たとえ異業種や未経験でも、これまでの実績と実力が、願いを実現するために発揮されるはず。自分を強く信頼してください。外野の考えや、妨害する動きに足止めされる必要はないでしょう。明確な目標を持って尽力することだけが、成功をものにする秘訣です。

【逆位置の場合】

　解決していない問題や、トラブルを暗示しています。あるいは、強引な態度で物事を進めようとして、壁にぶつかっているかもしれません。対人関係での失望や、身近な人が憂鬱の原因となっていることも……。また、あなたの行動や考えを理解してもらえないために、孤独な立場で奮闘している場合もあるでしょう。状況的に、難しい局面に立たされるかもしれませんが、決然とした態度で臨めばクリアできるはずです。

ひと言オラクル　勇敢な戦士のように、強いパワーに満ちています。不可能を可能にすることが、今のあなたらできるはず。目標に向かって猛進してください。あなたのひたむきな態度は、周囲をも味方につけるでしょう。

121

SWORDS

小アルカナ

ソードの王子 Page of Swords

【Key Words】

正位置　知的好奇心、斬新な発想、新たな出会い、同僚や仲間に恵まれる、豊かな感受性、思いがけない発展、人間関係における幸運、情報収集、メッセンジャー、慎重な行動、首尾よくうまくいく、朗報が訪れる、広い視野、意図的な行動

逆位置　準備不足、不具合、軽率な行動、打算的な関係、事後報告、出遅れる、出鼻をくじかれる、嫉妬や不安、対応しきれない状況、プレッシャー、戸惑い、優柔不断、猜疑心

Story 〜カードに秘められた物語〜

　大志を抱いて……。天に向かってソードを掲げた若き王子は、自分の才能に磨きをかけるために、日夜、鍛錬しているようです。旺盛な好奇心から、さまざまなことに関心を抱き、新しいことをどんどん取り入れようとしているのかもしれません。先人から学んだ豊富な知識から、斬新なアイデアが芽ばえ、彼は新たな活動を起こそうと、準備しているのでしょう。背後に広がっている大空は、彼が可能性に満ちた存在であり、これからはじまる冒険の旅を暗示しているようです。

　小国の中でとどまっているよりも、もっと広い世界で活躍したい、自分に与えられた才能を存分に生かしたい、優れた王となるために人生を切り開きたいと、彼は羽ばたく日を夢見ているのかもしれません。

　自分にしかできない何かをなしとげるために、旅立ちの日が近いことを感じ取っているからこそ、剣術の修行に励みながら、王子は万全の用意を整えているのでしょう。来たるべき試練に立ち向かっていけるように、自己の最善を尽くそうと、研鑽を重ねているかのようです。

Card Reading　〜このカードが出たら〜

【正位置の場合】

　スタート地点に立つことを意味するこのカードは、それに向けての準備段階を暗示しています。大きな目標に向けて準備をしていたり、試験や資格の取得など、将来につながる活動に、エネルギーを傾けているかもしれません。あるいは、旺盛な好奇心や幅広い知識を表していたり、可能性の扉が開く時を示唆していることも……。成功への確信と、準備万端かどうかの不安がないまぜになっているかもしれませんが、新たなステージで活躍する前触れであることには違いないでしょう。

　思いがけないチャンスが、間もなく到来するかもしれません。それは新たに出会う人間関係から、もたらされる可能性が高いでしょう。ネットワークを広げたり、あらゆる人々とコミュニケーションをはかることが大切です。特に異業種や異文化の相手は、要チェックです。

【逆位置の場合】

　チャンスが訪れても、まだ準備ができていなかったり、能力不足を感じているかもしれません。自分にはまだ早いとか、経験が足りないなど、不安を感じる要素があるために、新たなチャレンジに躊躇してしまうことも……。失敗やミスを恐れて、自分の可能性を閉ざしてしまわないように、勇気を奮いましょう。あなたが足りないと感じている側面は、身近な人のサポートによってクリアできるはず。対人関係では、謙虚な態度が功を奏します。

ひと言オラクル　何気なく抱いた関心や好奇心が、将来へのステップにつながる兆し。偶然に思えることにも、深い意味が隠されていることも！　直感やアイデアを大切にして、次なるステージへの扉を開きましょう。

SWORDS 小アルカナ
ソードのエース Ace of Swords

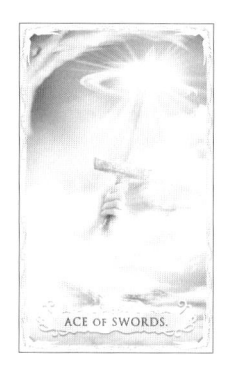

【Key Words】

正位置　自由、正義、平和、友愛、征服、野心、理知的、使命、己のパワーを知る、天命、天職、野心や悲願の達成、コミュニケーション能力、社会的に認知される、立身出世、鋭い観察力、ロゴス、哲学的思考、伝達、倫理観、道徳的

逆位置　頑固な態度、反感を買う、失意、わがままな言動、反論される、厳しい批判、傲慢さ、自分の考えや思いにこだわる、なかなか認めてもらえない、愛の苦悩、理解されない、犠牲を伴う、独善的

Story ～カードに秘められた物語～

　天空に現れた大きな手に握られた巨大なソードは、風のエレメントを表し、コミュニケーションを象徴しています。主人公は、自由と平和を獲得するために、力を発揮しようとしているようです。高く掲げられたソードは、平和を守護する正義の力を暗示しているのでしょう。主人公はもっと自由に、そして平和な暮らしが保たれるように、独自の考えと志のもと、磨いてきた才能を世に役立たせる時が来たのです。

　たとえ正義のためとはいえ、ソードは人を生かしも殺しもする、諸刃の剣。それを扱うには、とても慎重に、そして思慮深くなくてはなりません。人を自分を生かすために、彼は自分の主義を貫きながら、平和な世界を実現するため、自由と平和の守護者としての使命を全うするために、チャレンジしていくのでしょう。

　番号の「1」は、すべてのはじまりを暗示する数であり、最もパワーに満ちています。主人公は希望に胸を膨らませ、勢い勇んでの旅立ちをまさに迎えたところなのです。

Card Reading　〜このカードが出たら〜

【正位置の場合】

　あなたを突き動かす正義感や、自由を求める衝動が、具体的な行動となって現れる兆し。もっとこうしたら良くなるのに……というアイデアを現実化させるために、試行錯誤しているかもしれません。職場環境や、公正さを欠いた関係を、正そうと思案していることも。いずれにしても、自分のためだけではなく、周りの人々や関係するすべての人に利益がもたらされるように、使命感を持って立ち向かっていることでしょう。

　すぐには改善されなくとも、一石を投ずるだけでも意義があると考え、苦労を買って出ようとしている姿を暗示しています。その気高い信念は、天に届かんとする剣のように、いずれ認められるはず。正しいと思うことを貫いてください。不当な境遇に甘んじることはありません。あなたの発言や行動は、未来を切り開くカギとなるのです。

【逆位置の場合】

　自分の考えに固執したり、主義や主張が通らず、落胆する出来事を暗示しています。あるいは、危険の伴う決断や反感、非情な仕打ちを表していることも……。自分が正しいと思うあまり、強引な態度に出ているのかもしれません。思い通りにならないからといって、ヤケになったりしないように、冷静さを取り戻しましょう。そして、期待する結果や愛を得られなかったからといって、失意を感じないように。思うようにいかないことを通して、成長をとげることもあるのですから。

ひと言オラクル　正義を貫くことが大切とカードは告げています。誰かを敵に回したとしても、信念を曲げてはなりません。あなたの行動は、正しい結論を導き出します。苦労のしがいがあったと思える日は近いはず。

SWORDS 小アルカナ ソードの2 Two of Swords

【Key Words】

正位置 　進退問題で悩む、小康状態、団結、平和な解決、哲学的思考、決意、理解者、共存、苦悩の末に答えを見いだす、疑いが晴れる、バランスをはかる、中立的な立場を保つ、個人的な感情を抑えて行動する、計画の遅れ、真実を見極める

逆位置 　迷いや不安、孤独、忍耐を強いられる、障害や困難な状況を乗り越える、進退問題の答えを出す、何らかの選択に迫られる、つらい状況から抜け出すため試練に立ち向かう、精神力が養われる

Story 〜カードに秘められた物語〜

　正義のために、自由を求めて旅を続ける主人公は、困惑する状況に陥ったのでしょうか。彼の両側に浮かぶ2本のソードは、主人公が何か選択に迫られていることを暗示しているようです。

　番号の「2」は、陰と陽、男女、善悪など二極化を示す数であり、女性原理や受容性をつかさどります。主人公は、平和のために争わなくてはならない局面に至ったのか、あるいは主義を貫くために、犠牲を強いられているのかもしれません。いずれにしても、何かを選択することによって状況を改善するなど、突破口を開かねばならないのでしょう。

　できるならば、穏便に事を進めたい……そう願いながらも、厳しい状況の狭間で揺れている姿をうかがわせます。ここでの選択は主人公の運命を左右するために、彼は静かに瞑想しながら、真実を見極めようとしているのかもしれません。まるで神託が下りるのを待つかのような姿勢の主人公からは、正しい答えなどないと分かっていても、最善の決断を下したい……そんな真摯な思いが伝わってくるようです。

Card Reading　～このカードが出たら～

【正位置の場合】

　さまざまな思いが交錯している時期かもしれません。進退問題で考えあぐねていたり、どちらの相手を選ぶべきか迷っていることも……。このままではすべてがダメになってしまうため、答えを出さなければならないというのに、肝心のあなたの心は、まだ定まっていないようです。

　表面的には迷いや不安だらけでも、本当の胸の内では、うすうす気づいているのではないでしょうか。答えを出すのを遅らせているだけで、どうすべきか、とっくに分かっていることに……。このアルカナは受け身の姿勢を表しているので、心のどこかで、誰かに状況を変えてもらいたいと願っているのかもしれません。信頼できる人の言葉や、不測の事態によって状況が改善されるように、平和な解決を望んでいるのです。少々ずるいやり方かもしれないけれど、この時期の終わりには、悩んでいたことにひとつの答えが下されるでしょう。

【逆位置の場合】

　悩みぬいた結果、最善の決断を下すことを暗示。あっちを立てればこっちが立たず、不均衡極まりない状況の中、あなたは確信を持って選択するでしょう。それは、表面的なことだけでは測れない「真実」を見極めるということ。合理的に考えたならば、何を選ぶべきか分かっていても、それだけでは譲れない……という信念が、あなたを導いてくれるはず。しばらくは混乱が続くかもしれませんが、自信を持って取り組んで！

ひと言オラクル　心の真実に向き合う時。このままでもしばらくは大丈夫……そんな思いがあっても、もう潮時なのかもしれません。選択することで起こりえる困難に負けないように、真実を貫けば明るい兆しが見えます。

SWORDS 小アルカナ ソードの3 Three of Swords

【Key Words】

正位置
悲しみ、逃走、失望、追いかけていたものが消失する、希望を見失う、別離、やるせない思い、ふがいなさ、個人的な問題、窮地に陥る、離反、傷心、ウイークポイントを突かれる、再建や再編・再考が求められる

逆位置
過去の問題をクリアにする、過去の恋、思慕、未練、悩みや未練を手放すことで新たな展開が訪れる、トラブルは間もなく解決する、失うことで得るものがある、意に反する出来事が突破口に

Story ～カードに秘められた物語～

　ひとつ前の「ソードの2」で大きな決断を下した主人公の胸に、深い悲しみが去来しているようです。正義のために戦ったにもかかわらず、大敗したのか、あるいは成果と引き換えに、大切な何かを失ってしまったのかもしれません。それなりに小康状態だったのに、均衡を揺るがしたために、取り返しのつかない事態を招いてしまったのかも……。予測していたとはいえ、悲しみは深く、希望さえ失いかけているようです。追いかけていた理想や目標が意味をなさなくなり、失望を感じて、自分の判断は正しかったのかと自問自答しながら、内省しているのでしょう。

　番号の「3」は、1からはじまった創造活動が何らかの形となる意味を持ちますが、ここでの結果はあまりに衝撃的で、彼の心は憔悴しきってしまったのかも。それでも、主人公の旅は終わったわけではなく、戦いはまだまだ続いてゆくのです。奪われてもなお失うことのない自己を獲得するために、忍耐と精神力が試されているのだから……。苦境の中でたとえ傷心だったとしても、彼は進まねばならないのです。

Card Reading　〜このカードが出たら〜

【正位置の場合】

　幸せになりたいと願って努力してきたことが、まったく報われなかったり、あまりに手痛い仕打ちを受けているかもしれません。信頼していた相手との別離や、愛する人との破局、諍いによって関係が瓦解してしまうなど、心の支えを失ったように感じていることも。どうして自分がこんな目に遭うのか、何がいけなかったのか、これから何を信じて生きてゆけばよいのか……と傷ついた心を、どうにもできずにいるかも。

　起こってしまったことは、今さらどうにもできないし、消化しきれない思いは、そう簡単にぬぐい去れないかもしれないけれど、それは起こるべくして起こったこと。受け入れる以外に、この状況を乗り越えるのは難しいでしょう。どうか自分を責めないで！　どんなにつらくても、いつかは過去のものとなります。リセットの旅行をするなど、気持ちが少しでも未来へ向かうように、自分自身を癒してあげることが今は大切です。

【逆位置の場合】

　わだかまりや消化不良の問題を暗示しています。過去の恋人への思慕や、修復不可能な関係に悩んでいるかもしれません。敗北感や憤りがあなたの心を支配して、つらい思いをしていることも……。自己否定されたような感じがしても、いつまでも引きずることのないように！　心を解放することが、この時期のテーマです。思い切って手放すことができたなら、思いがけない展開によって、あなたは再び活力を取り戻せるでしょう。

ひと言オラクル　どんなに愛情を注いでも報われない愛があるように、受け入れがたい現実に直面するかも……。喪失感や虚無感にさいなまれても、あなたは独りではないのです。手放せば明るい未来が待っています。

SWORDS 小アルカナ ソードの4 Four of Swords

【Key Words】

正位置　理不尽な出来事、スランプ、ストレス、停滞、行動や計画にストップがかかり変更を迫られる、譲歩、小休止、リフレッシュ、不満を解消する、完了させなければならない課題、刷新する、充電期間、スローな展開、祈りを捧げる

逆位置　気力や体力を取り戻す、目標を再設定する、思わしくない出来事、回復、準備を整える、精神面が強くなる、公正さ、社会復帰、再開、支持を得る、復活の兆し、意思が固まる

Story　～カードに秘められた物語～

　ひとつ前の「ソードの3」で、精神的にも肉体的にも疲れ切った主人公は今、休息を必要としているようです。戦いによって、身も心もボロボロになり、戦意を失って、深い喪失感や絶望的な思いを抱いているのかもしれません。自由と平和を実現するために旅立ったはずなのに、気づけば目標さえも、跡形もなく消失してしまったのかもしれません。

　こんな状態では、前進することもままならない……。そう思い至った彼は、充電することが先決だと考えているのでしょう。

　番号の「4」は、秩序と安定をもたらす数であり、活動から内省へと向かう意味があります。主人公は、自分を振り返り、今後のために英気を養っているのでしょう。長い人生の中で、しばし立ち止まったとしても、決して損失にはならない……。むしろ、新たな希望や自分を生かす道を見つけるための、大切なインターバルなのだと告げているかのようです。ステンドグラスからこぼれる光は、彼の休息もまた大いなる計画の一部であり、行く手は明るく照らされていることを暗示しているのでしょう。

Card Reading　〜このカードが出たら〜

【正位置の場合】

　心身ともに疲れきっている様子。精いっぱいのことはやったけれど、どうもうまくいっていないのかもしれません。このまま続けるのは無理がありすぎる……そんな思いが、気力を奪っているようです。問題が山積みだとしても、今は自分を癒すことが先決。これまで順調だったことが、ことごとくダメになったとすれば、これ以上進むべき時ではないのかも。

　自分自身を取り戻し、英気を養い復活するために、必要な休息期間です。愛情問題で悩んでいる人は、冷却期間だと思って、少し距離を置いたほうがいいでしょう。冷静さを取り戻せば、問題が問題でなくなることもあるはず。ビジネス面では、新規の取り組みは、しばらく待ったほうが賢明。万全の準備を整えてからでも遅くはありません。健康面は、根本治療が必要な時。気になる症状がある人は、早めに診察を受けてください。自身のケアが何よりも重要な時です。

【逆位置の場合】

　波乱の後の静けさを取り戻した状態を暗示しています。たび重なる試練を乗り越えた結果、前よりもずっと強くなった自分自身を感じられるでしょう。問題がすべて解決したわけではなくとも、落ち着いた状態で最善の策を講じることができるはず。時間をかけてじっくり取り組めば、越えられないものはありません。全面的に自己を信頼して、自分の正義を貫いてください。有利な展開に持ち込めるでしょう。

ひと言オラクル　今は無理をするべきではありません。あなたは十分に頑張ってきたのですから、少し休憩しましょう。自分自身を癒してあげることで、滞っていた問題が動き出したり、前向きな変化が表れるはず！

SWORDS ソードの5 Five of Swords
小アルカナ

【Key Words】

正位置 攻撃的な人物、容赦しない、強引な態度、執念深い、目的のためなら手段を選ばない、非情、予測していなかった障害、実力主義、なりふりかまわずの姿勢、簡略化、態度が一変する、執念で勝利する

逆位置 敗北感、損害、危難、不名誉な出来事、あきらめ、落胆、価値があると思っていたことが色あせる、パワハラ、フラストレーション、重圧、無責任な相手、思いがけない出来事、葛藤、困惑

Story ～カードに秘められた物語～

　労して功なしだった苦い経験から、主人公は理想を実現するために、なりふりかまわぬ態度に転じたようです。周囲に遠慮したり、理想論を掲げても、なんら結果には結びつかない……そう思ったのかもしれません。どうしても手に入れたいなら、手段は選ばない——そんな姿勢が感じられます。激しい自己主張や強引さがなければ、自分が欲しいものは手にできないし、戦いにも勝てないとでも言うかのように、周囲を顧みる余裕は、今の彼にはないのかもしれません。

　番号の「5」は、対立物を表す2と、万物を生じさせる3の組み合わせであり、創造的な統合をはかる意味があります。過去のつらく厳しい経験から、主人公は、これまでのやり方を変更するに至ったようですが、その結果、目的至上主義な傾向が強くなった様子です。

　望みを叶えるためには、多少の犠牲はつきものだと感じているのかもしれません。しかし、利己的な彼に味方していた者まで去っていこうとしている現実に、彼はまだ気づけていないのでしょう。

Card Reading　〜このカードが出たら〜

【正位置の場合】

　夢を叶えるために一念発起したり、紆余曲折を経て指針が定まってきたことを暗示。望みを叶えるために、奮闘しているかもしれません。正当なアプローチでは進展しないと理解して、コネや人脈など何らかの手段を講じて、目的を果たそうとしていることも……。目標を追いかけるあまり、周りが見えなくなっている可能性もあるでしょう。自分は正論だと思っていても、周囲から理解されていないことを示唆してもいます。

　いずれにしても、少々強引な手段を使ってでも、目標を達成しようとしているようです。あなたの道理が叶えられる時ですが、半面で失うものもあるかもしれません。近視眼的に早まった結論を出さぬように、慎重な姿勢が大切です。対人関係では、親しい人との間にわだかまりが生じたり、旧知の仲の相手が離れていくなどの出来事があるかも。わがままなふるまいや強引さで、大切な人を傷つけていないか顧みてください。

【逆位置の場合】

　うまくいきかけていたプランが頓挫したり、離れかけていた人との関係が、さらにこじれる可能性を示唆しています。一方的な考えで推し進めようとすると、状況は悪化していく一方です。今はいったん引いて態勢を整えてから、再び着手したほうがいいでしょう。フラストレーションを感じたり、意欲を失う恐れもありますが、強引に事を起こさなければ、悩ましい事態はやがて収束するでしょう。

ひと言オラクル　独りよがりな考えで、強引に何かをなしたとしても、後から虚しい気持ちになることが多いもの。がむしゃらに進めようとせず、気持ちを整理することが大切。焦らなくても、きっとうまくいきますよ！

SWORDS ソードの6 Six of Swords

小アルカナ

【Key Words】

正位置　沈黙、控えめな態度、困惑の中での新たな門出、大きな障害が解消される、ゆっくりと好転する、方向転換、路線変更、生き方を変える、望む結果には届かなくても不運を避けられる、問題や悩みを手放す

逆位置　行き詰まったまま途方に暮れる、行動が裏目に出る、あいまいな態度で選択を先延ばしにする、難解な問題、決心できない、過去の思いを引きずる、憂い、不安のある相手にしがみつく、傷心

Story　〜カードに秘められた物語〜

　主人公は自己の限界を感じたのか、あるいは利己的なやり方で結局、失敗してしまったのか、路線変更することにしたようです。ここでの旅立ちは、祝福されたものというよりは、過去に背を向けて、ひっそりと逃げるように、新たな人生をはじめようとしている姿を感じさせます。これまでと同じような道をたどっても、決して幸せにはなれない……そう思った主人公は、生き方を変える道を選んだのでしょう。無念な思いがないと言えばウソになるけれど、このまま続けても消耗するばかりで、人生の意味も見いだせない。それならいっそすべてを捨てて、新たな生き方を目指したほうが有意義だ、という結論に達したのかもしれません。

　番号の「6」は、創造数の3が組み合わさった数であり、異なる2つの完成されたエネルギーが結び合って生まれる、新しい世界を暗示しています。逃げの姿勢は一見、人生の敗者のように感じられても、決断は正しかったということを、後に知ることでしょう。こだわりや凝り固まった考えを手放すことで得られる、まったく新しい人生を示しています。

Card Reading ～このカードが出たら～

【正位置の場合】

　取り組んでいることが行き詰まっていたり、方向転換を考えているかもしれません。歯車がかみ合わないように、何をやってもうまくいかず、後ろ向きな気持ちが強くなっていることも……。無理を重ねてきたために、健康を害している可能性もあるでしょう。このカードは、あなたが抱えている問題を手放し、ブレイクスルーする時期に至っていることを暗示しています。生き方を変えるのは簡単ではないけれど、このまま継続していては、エネルギーが枯渇してしまいます。

　つらい選択かもしれませんが、変化の道を選ぶことで、今よりずっと良い状況に導かれることは確かです。あなたの勇気ある選択は、いずれ周囲からも評価され、また深みにハマる前に脱出できたことを、心から感謝する日がきっと来ます。あなたをとらえている悩みや、泥沼のような人間関係から速やかに離れて、新たな人生へと歩み出しましょう。

【逆位置の場合】

　結論の出ない状況を暗示。もうダメだと分かっていてもしがみついたりして、解決を遅らせているかもしれません。わだかまったまま別離に至ったり、腑に落ちない状況のまま、心が取り残されてしまうことも……。思い切った決断ができないために、自分を苦しめることのないように！　断腸の思いだったとしても、あなたを悩ませる問題や人間関係から離れるべきです。感情ではなく理性的な判断が、解決への道を開きます。

ひと言オラクル　変化の時節が到来しています。滞っている問題や、あなたを悩ませていることを手放して、新たな方向性を開拓することがテーマ。後ろ髪を引かれるような思いがあっても、振り返らずに前進を！

ソードの7 Seven of Swords

小アルカナ

【Key Words】

正位置
心の隙間、魔が差す、まやかし、誘惑、ラクなほうへ逃れようとして深みにハマる、現実逃避、大事な時に判断を誤る、優先順位を間違える、自己保身、不安定な状況、日和見主義、横道にそれる

逆位置
健全さを取り戻す、計画の誤りを正す、助けの手が差しのべられる、思いがけない利益を得る、信頼の回復、客観的な判断力、アイデアやインスピレーションを得る、混乱していた事態の収束

Story ～カードに秘められた物語～

ひとつ前の「ソードの6」で、苦しみから逃れてきた主人公に、再び困難が降りかかろうとしているようです。ようやく戦火を逃れてきたというのに、今度は仲間の裏切りに遭おうとしているのでしょうか。言葉巧みな相手に振り回されて、主人公はまだ、それが自分を陥れようとしているワナだとは、気づいていないのかもしれません。

一見、ラクに思える道には、実は多くの落とし穴が隠されています。人生に近道などないということを諭すかのように、主人公は、またもや苦難や危機に直面することになるのでしょう。

番号の「7」は、宇宙の創造原理と物質原理を意味する数であり、ひとつの完成を表します。主人公に忍び寄る試練は、彼の魂を成長させて完成に至るためのものであり、負の連鎖を断ち切るために、避けては通れない課題なのかもしれません。このアルカナは「一難去ってまた一難」というように、苦難に翻弄される主人公に、安易な道を選ぶべきではない、ということを教えているようです。

Card Reading 〜このカードが出たら〜

【正位置の場合】

　ラクなほうへと逃げたい心理や、誘惑を暗示しています。つらい思いをするくらいなら、逃げたほうがいい……そう思っても、踏みとどまることが大切です。ここで逃避の道を選んだなら、さらなる苦難が待ち構えているかもしれません。ヤケっぱちな態度や逃げの姿勢では、なし崩し的に問題が悪化してしまうかも……。また、おいしい話やラクに儲けられるというような案件には、かかわらないほうが無難です。

　この時期は、冷静に慎重に事に当たるように。重圧から逃れたい思いがあっても、安易な決断は禁物。どうしても不安になったときは、専門家に相談したり、信頼のおける人にアドバイスを求めましょう。その上で、決断を下す前にはさらに、何度も再検討したほうがいいでしょう。常に最悪のケースを頭に置いて熟考することで、危難を回避できるはず。自分の内なる弱さや誘惑に負けないように、心を律することも大切です。

【逆位置の場合】

　問題が解決へと向かう兆しです。あなたが見落としていたことを誰かからサポートしてもらえたり、予期していなかったハプニングによって、有利な状態へと導かれるでしょう。ミスや失態は、早期に対応すればかえって信頼が深まるはず。何らかのトラブルが起こっても、深く考えすぎてタイミングを逃さないように、スピーディーに対応したほうがいいでしょう。また、問題解決の糸口は身近なところにある暗示。

ひと言オラクル　もっとラクになれたら……そんな思いが、あなたの心に隙をつくっているかもしれません。ゴタゴタに巻き込まれたり、誘惑に流されないように心を律して！　逃げようとしなくても、事態は好転していくはず。

SWORDS　小アルカナ　ソードの8　Eight of Swords

【Key Words】

正位置　焦燥感(しょうそうかん)、苦難、引き返せない問題、四面楚歌、制限、行き詰まり、限界を感じる、不安定な関係、失恋、失意、予期しないアクシデント、孤独感、頼りにしていたものを失う、八方ふさがりな心境、孤立する、抑圧する

逆位置　自由な立場になる、視界が開けてくる、妨害がなくなる、光明、希望、チャンス、自分のせいにされていたことの誤解が解ける、解放される、不遇を脱する、干渉されなくなる、健康面の回復

Story　〜カードに秘められた物語〜

　このアルカナの主人公は、力と自由を完全に奪われてしまったようです。敵に捕らえられたのか、それとも何かの罪に問われたのでしょうか。まさかこんなことになるなんてと、八方ふさがりの中、ただ流されるままに、絶望のふちをさまよっているのかもしれません。あるいは、混乱した状態から抜け出すために、目隠しで外のノイズをシャットアウトして、自分の内面と向き合っているのかも……。退路を断たれた主人公には、もはや引き返す道もなく、「もうすべてを受け入れ、運を天に任せよう」と思った瞬間、目隠しがはずされて、彼女は自由の身となります。信じていた愛する人の手によって突然、苦しみから解き放たれたのです。

　番号の「8」は、物質世界を表す4の組み合わせであり、無限を表す記号に通じるように、窮すれば通ずる道を暗示しています。苦悩の後に境遇を受け入れ、あるがままの心境に至った瞬間に起こった奇跡は、彼女を救い出しました。自分自身を抑え込んでいる力から自由になるためには、受難の中でもなお、すべてを肯定する意思が試されるのです。

Card Reading　〜このカードが出たら〜

【正位置の場合】

　現状を変えたいのに、どうにもできない状況で足止めされているか、自分を信じきることができないために、能力や才能を生かせないでいるようです。このカードは、不遇で過酷な状況から解放されるときに現れます。自分の力や可能性を、本当の意味で閉ざしてしまえるのは、自分自身でしかありえません。リスクや失敗への恐れから、チャレンジする勇気が持てないでいるとしても、自分を抑え込んでしまわないように！

　彼女が目隠しをされているように、あなたの視界が閉ざされているだけなのです。多くの可能性と自由な選択が用意されているのに、気づけていないのかもしれません。現実は厳しいのだと、常識で凝り固まった考えに、自分を閉じ込めているのではないでしょうか。その状況の中で一番苦しんでいるのも、あなた自身なのです。小さな枠に閉じ込めていた自分を、そろそろ解き放ってあげましょう。可能性は無限です。

【逆位置の場合】

　制限や制約がなくなって、希望があふれてくる兆しです。あなたを足止めしていた問題が解消されて、間もなく自由を得るでしょう。オープンにできなかったことを、晴れてオープンにできるようになることも……。また、経済的な悩みがなくなり、新たな道へと歩み出せるでしょう。チャンスやツキから見放されていると思っていた人には、思いがけない幸運が訪れる暗示もあります。つらい時期は過ぎ去ったのです。

ひと言オラクル　あなたの前進を妨げている考えを、手放す時が訪れています。失敗や不安を恐れず、新たなチャレンジに一歩を踏み出しましょう。もっと自分自身をリスペクトすれば、状況はずっと良くなっていきます。

SWORDS ソードの9 Nine of Swords

小アルカナ

【Key Words】

正位置 　将来への不安、憂鬱、恐れ、恐怖心、損失、精神的なダメージ、悔恨、あきらめ、不和、心痛、ストレス、引きこもる、非社交的、マイナス思考にとらわれる、閉塞的な考えや環境、後悔する、長引く不況、辞職、スランプ

逆位置 　悩みが解決する、深読みしすぎていたことに気づく、不要な悩みを手放す、障害だと思っていたことが消失する、意識が解放される、新たな可能性、インスピレーションに恵まれる、心が癒される

Story　〜カードに秘められた物語〜

　主人公は自分だけ生き残ってしまったのか、それとも悪夢に悩まされているのか、あるいは仲間や愛する人と離れ離れになり、寂しい境遇にあるようです。頭をよぎるのは、過去への悔恨ばかり……。先の見えない状況の中、苦悩しているのかもしれません。起こってしまったことは変えられないとはいえ、わき起こる後悔の念は消えず、悲しみは深まるばかり。孤独な主人公の心に、未来はまったく見えていないようです。

　番号の「9」は、1からはじまった創造的な活動を締めくくる、完結を表す数であり、すべての因果を受容する意味があります。自由と平和を求めてはじまった主人公の旅は、犠牲も多く、失意と失望に繰り返しさいなまれ、それでも信じて歩んできたのに、もう一歩も進めない際まで来てしまったのかもしれません。このアルカナは、現世的な苦しみや悲しみ、絶望を暗示しています。「今までの人生は、いったい何だったのか。この先、何を生きがいにすればよいのか」と孤立無援に感じているのでしょう。この苦しみこそが、最終試練であるとも気づかずに……。

Card Reading　〜このカードが出たら〜

【正位置の場合】

　悩みや苦しみが浮上したり、将来への不安が募っているかもしれません。あるいは愛を失ったために落胆したり、後悔していることも……。あなたを悩ませている過去があるなら、それに許しを与えましょう。過ぎ去ったことにとらわれていると、希望の光が届かなくなってしまいます。どうにもしようがない感情と深く向き合ったなら、もうそれについては手放しましょう。今は、経験したことを昇華すべき時なのです。

　不安を駆り立てられる人間関係から離れ、新たな関係を構築していくことも大切です。不毛な時をこれ以上重ねることのないように、過去と決別し清算しましょう。この時期は、希望的観測や期待に身を任せず、冷静に現実を見極めてください。破局したくないからと、相手の言葉を鵜呑みにせず、行動から判断してください。自分を守ることが、厳しい局面を乗り越えるカギ。リセットのために休暇をとるのもいいでしょう。

【逆位置の場合】

　あなたを悩ませていた問題が、解決に向かう兆し。考えすぎて深みにハマっていた人は、悩みが単なる考えすぎだった、ということに気づけるでしょう。疑いや誤解が解け、前進を妨げていた問題が消失します。ささいなことでも、誠意を持って尽くすように。悪化していた人間関係は、和解へと向かうはず。そして、苦悩や経験を経て、大きく成長をとげた証として、間もなく大きな安心感と幸運が訪れるでしょう。

ひと言オラクル　あなた自身と、あなたを傷つけたと感じている人に対して、許しを与えましょう。すべてを許す心が、苦悩から解き放ってくれます。つらさや悲しみを癒せたなら、大きなチャンスが訪れるでしょう。

SWORDS 小アルカナ ソードの10 Ten of Swords

【Key Words】

正位置 決定的な出来事、決別、別離、試練を乗り越える、絶望的な状況に屈しない、弱さを克服する、シャドー、自由と平和、祈願する、清算すべき問題を片づける、トラウマを乗り越える、無念な思いを昇華する

逆位置 清算する、ドン底の時代が終わる、コンプレックスを克服する、希望が生まれる、すべての経験が生かされる、人間関係や過去からのしがらみがなくなる、自由を手にする、障害物が消え去る

Story 〜カードに秘められた物語〜

　主人公の長い戦いは、ようやく終結を迎えたようです。希望に導かれて旅立ったものの、途中で遭遇した幾多の困難と裏切りは、主人公の心に深い影を落とし、悲しみや苦悩のドン底をさまよいもしました。しかし、悲しみに打ちひしがれながらも、自由と平和を信じて、主人公は果敢に前進を続けてきたのです。自由と平和を手にするために払った多くの犠牲は、主人公の心を強くして、ついに最終試練ともいえる、己のシャドーとの戦いを迎えるに至ったのでしょう。真の敵はほかの誰でもない、自分自身の心に潜む弱さであったということに気づいたとき、彼は自分の中の影の存在を、打ち負かすことができたのでしょう。

　番号の「10」は、1桁(けた)のサイクルを終えた後、より高い次元でのはじまりを表す数。スケールアップした人生のスタートや、劇的な変化を意味しています。流した涙や受けた傷がムダにならぬよう、経験を胸に刻んで、主人公は暁に誓っているようです。自由と平和を守るために、たとえ何人(なんぴと)といえども、自分自身を支配させてはならないと……。

Card Reading　〜このカードが出たら〜

【正位置の場合】

　恐れていたことや、先送りにしてきた問題に立ち向かわねばならない時期かもしれません。逃げられるものなら、逃げたいと思っても、ここで背中を見せては、問題が解決することはないでしょう。つらくても現実に向き合うことが大切です。この出来事が起こっているのも、今のあなたなら乗り越えることができるからなのです。心をしっかりと保ち、勇気を奮い起こしましょう。正当性を主張すれば、逆転勝ちも可能です。

　また、トラウマが刺激されるような、つらい出来事が起こるかもしれません。それもあなたが最も信頼したり、愛する相手からもたらされる兆しです。とてもつらい思いをしても、すべては乗り越えるために訪れた課題と、真摯に受け止めましょう。衝撃的な出来事や激しい感情も、あなたがそれを重要視しなければ、あなたを傷つけることはないのです。見方を変化させれば、マイナスのパターンを完全に克服できるでしょう。

【逆位置の場合】

　終わりとはじまりを暗示しています。長年悩んでいたことや、コンプレックスを克服できる兆し。不自由に感じていたことから解放されたり、才能を生かすチャンスが訪れるでしょう。難しく考えないで、シンプルに受け止めたなら、すべてがあなたのためだということに気づけるはず。清算すべき問題は、間もなく決着がつくでしょう。あなたの前には、輝きに満ちた世界が広がっているのです。

ひと言オラクル　あなたの足を引っ張っていた、マイナスな感情や人間関係から解放される兆し。そこにエネルギーを与えなければ、何ものもあなたを侵害することはできないのです。幸せなことにフォーカスを！

小アルカナ

カップの王 King of Cups

【Key Words】

正位置 責任感が強い、律義で義理がたい、愛情深い、世話好き、無条件の愛、同情心、強運、経済力、年上で頼れる男性、才能あふれる人物、豊かさ、社会貢献、潤いのある環境、リッチ、栄誉、高潔さ、芸術、不動産、自己実現

逆位置 強欲、感情過多、激しい思い、偽善的、独断、責任回避したい、力業、損失、過失、冷淡なパートナー、人間関係に振り回される、ツキがない、思い込みや期待で行動すると失敗する

Story ～カードに秘められた物語～

　黄金のカップ（聖杯）を手にした偉大な王は、多くの経験から深い慈愛を宿し、落ち着き払った眼差しで、世界に君臨しているようです。その自信にあふれた表情からは、真の自己実現と、すべてが満ち足りた状態であることがうかがえます。高貴な生まれを感じさせる彼のたたずまいは、雄大な海の守護者としての使命と誇りをたずさえているようです。

　背後の海原は、激しい感情をコントロールし、感情の波にのまれることなく、冷静沈着に対応できる人物であることを暗示しているようです。幾多の戦いによって経験したすべてが、王をたくましく成長させ、どのような出来事が起ころうとも、物おじしない器に育て上げたのでしょう。

　王の心は海のように広く深遠で、か弱き者の魂を慈しむ優しさに満ちあふれています。王国だけではなく、まるで自然界の森羅万象をもつかさどるかのように、堂々たる姿で鎮座する王は、多くの人々から慕われ、暁のごとくまばゆい愛の光で人々を導いているようです。

Card Reading　〜このカードが出たら〜

【正位置の場合】

　努力が正当に評価されたり、栄誉を賜る兆し。これまでの経験が実を結び、自己実現が可能になるでしょう。経済的な自立や独立など、夢に描いてきたことが叶う暗示です。なかなか賛同を得られなかった事柄も、この時期の終わりには、周囲からの協力が得られるはず。また、深い愛情と自信を兼ね備えた人物を表していることも。

　いずれにしても、リーダー的存在を象徴し、責任感が強く愛情深い性格が功を奏して、名誉や成功を得ることを示唆しています。愛情面でも、求めていた理想のパートナーや、経済力のある伴侶とめぐり合うチャンスが訪れるでしょう。このカードは、すべてが良い方向へと向かっているときに現れるのです。ビジネス面では、その道の有力者や才能のある相手から引き立てられたり、ビッグチャンスがもたらされる兆し。幸運をしっかりと受け止めてください。

【逆位置の場合】

　愛情面でのトラブルや、期待が裏切られることを暗示しています。思いが募るばかりで、手ごたえのない関係に疲れを感じているのなら、潮時かもしれません。欲や激しい感情によって身を滅ぼすことのないように、心を鎮めることが何よりも大切です。また、勝ち目の薄いことにトライするのも避けたほうがいいでしょう。ギャンブルやアルコールへの依存にも注意が必要です。

ひと言オラクル　あなたの培ってきた技術や才能が、社会から求められたり、評価される兆し。社会貢献につながる活動に従事すると、ますますの発展が望めるでしょう。周囲に寛大に接することで、人望も厚くなります。

CUPS 小アルカナ カップの女王 Queen of Cups

【Key Words】

正位置　慈悲深さ、鋭い直感力、母性、芸術への造詣が深い、社会福祉、インスピレーション、協調性、温和な性格、博愛精神、献身的、ロマンス、家庭的、感受性、愛と平和、大切な関係を育てたい、愛を交わし合う相手が欲しい、深く愛されたい

逆位置　わがまま、利己的、通じない思い、未来を見通せない、感情の高ぶりで冷静さを失う、期待はずれの反応、冷遇、愛の傷、イヤな予感の的中、軽挙妄動、求めていない相手から愛される

Story　～カードに秘められた物語～

　慈愛に満ちた表情で、黄金のカップを大切に抱いている女王は、彼女が生み出した多くの子どもたちを愛するように、世界を慈しんでいるようです。もしかしたら、争いや戦乱によって流された多くの血を鎮魂すべく、永久に安寧の世が続くように、祈りを捧げているのかもしれません。人と人を結ぶ大切な絆が、愛によって結ばれるように、世界が愛の絆によって発展していくことを、何よりも望んでいるのでしょう。

　争いの場に調和と愛をもたらす女王は、すべての生命の源をつかさどる母性の象徴でもあります。生命の連鎖に必要なものは愛であり、調和がなければ、平安な世も一瞬にして不毛な世界に転じてしまうことを、彼女は何よりも恐れているのかもしれません。

　才能や可能性にあふれていても、愛情深く育てなければ芽を出し日の目を見ることはないように、すべてを愛し慈しみ、時間をかけて見守る大切さを、カップの女王は物語っています。連綿と受け継がれてゆく愛の美徳が、内側から生まれることを、彼女は熟知しているのですから。

小アルカナ　カップの女王

Card Reading　～このカードが出たら～

【正位置の場合】

　感受性や直感力が高まっているようです。愛する人から深く愛されることを望んでいたり、満ち足りた暮らしをしたいと願っているかもしれません。または、才能を根気強く育てている最中なのかも……。

　このカードは、大切な何かを育てたい、愛と調和に満ちた関係に包まれたい、というときに現れます。慈悲と愛を象徴する女王のように、あなたの中にも、大きな慈愛が宿っているのです。それを傾ける対象は、人である場合もあれば、才能や環境の場合もあります。いずれにしても、あなたが欲するものは、間もなく手に入るでしょう。

　意外な相手から愛の告白をされたり、それまで気づかなかった懐の大きさを感じる出来事があるかも。この時期は不安の種は消え、代わって、愛と友情の素晴らしさを実感する出来事に恵まれます。あなたを取り巻く環境に、良い兆しであることは間違いないでしょう。

【逆位置の場合】

　愛におけるトラウマや、一方通行の愛情を暗示しています。もっと愛されたいと願いながら、相手から冷遇されて意気消沈するかもしれません。あなたの愛が試されるこの時期は、不安や焦燥感(しょうそうかん)に駆られても、先走った行動はとらないように用心しましょう。信じて待つ姿勢が、状況を好転させるカギです。また、利己的な愛によってあなたを利用しようとする相手にも注意が必要です。情に訴えられても、深情けは禁物！

ひと言オラクル　言葉でそして態度で、あなたに宿る愛を伝えましょう。混乱している問題やこじれた関係も、愛によって軌道修正されるはず。あなたには、愛によってすべてを変える力が備わっているのです。

CUPS 小アルカナ カップの騎士 Knight of Cups

【Key Words】

正位置　情熱的、ロマンティスト、繊細、愛情関係、気前のよい人物、プロポーズ、愛と友情に恵まれる、社会性、成功、満足のいく結果、満ち足りた状態、懸念事項がなくなる、経済力が上がる、チャンス、幸運

逆位置　見かけ倒し、誘惑、行動が裏目に出る、空回り、一過性の思い、叶わぬ愛、誤った選択、不確実、約束が果たされない、予想と違う結果、期待していた相手は頼りにならない、不毛な愛、落胆

Story　〜カードに秘められた物語〜

　黄金のカップを高く掲げた騎士は、立派に使命を果たし、いざ凱旋しようとしているようです。たやすい戦ではなかったものの、満足のゆく結果を手にすることができたのでしょう。騎士の表情は誇りと自信にあふれています。予想以上の成功を手に入れて、彼はこれから受ける名誉に、胸の高鳴りを感じているのかもしれません。

　カップは愛と情熱の勝利の証。騎士は熱い愛と情熱のもと、存分に戦ってきたのでしょう。愛する人への情熱が、彼の生きがいでもあり、勝利をものにした要因なのかもしれません。どのようなことであろうとも、事に当たる際は、愛と情熱を持って挑むように……と、カップの騎士は告げているようです。いかなる困難も、愛によって越えられない壁はないとでも言うかのように……。

　眼前の川を渡れば、彼の故郷が待っています。少し緊張して見えるのは、勝利の後にプロポーズしようと心に決めている女性との、再会への期待感のためなのでしょう。騎士の前途は、輝きに満ちています。

小アルカナ　カップの騎士

Card Reading 〜このカードが出たら〜

【正位置の場合】

　すべての物事が、滞りなく進行することを暗示しています。積極的な態度で臨むことで、不可能と思われたことも可能となるでしょう。愛情を傾け、丹念に育（はぐく）んできたことが実りを迎え、成功を手にできます。経済面でも有望な兆しです。進行中の企画や、新たなプロジェクトに積極的にエネルギーを傾ければ、昇進や昇給が可能になるでしょう。

　友情や愛情の素晴らしさに気づけたり、思う相手との関係が前進するかもしれません。思いを告げるのを恐れている人は、勇気を出して気持ちを伝えましょう。本気でぶつかれば、相手の心を動かすことができるはず。胸の内に宿っている愛を大切にしてください。友人であれ、恋人であれ、家族であれ、愛からの行動は、周りをそしてあなた自身を幸せで包むことでしょう。与えてほしいなら、自ら与えるように……。このカードは、あなた自身が愛を贈る騎士となるように、と告げているのです。

【逆位置の場合】

　思い通りにいかない出来事や、叶（かな）わぬ愛に身を焦がすなど、情熱が空回りしている状態を暗示しています。頑張れば頑張るほど、事態が悪化したりして、やるせない思いを募らせているかもしれません。また、自分が思っていたことや、相手のイメージが崩れるなど、誤った選択の結果を後悔することも……。満たされない思いを昇華させるために、方向転換をはかったほうがいいでしょう。

ひと言オラクル　あなたは生まれながらに愛の使者なのです。愛を伝え表現することは、あなたのかかわるものすべてに、愛と平和をもたらします。憎しみや怒りには癒しを、悲しみには愛を注ぎましょう。

カップの王子 Page of Cups

小アルカナ

【Key Words】

正位置　愛情深い、イマジネーション、直感、多感、憧れ、思慕、希望、奉仕、社会福祉、あいまいな状況をはっきりさせたい、誠実な友、悩んできたことに結論を下す、和解、温和な性格、問題が解決へと向かう、信頼関係、愛で満たされる

逆位置　不満に感じる、誘惑、自暴自棄、アルコールなどに依存する、弱気、小心、あいまいな態度、無邪気さ、悲観する、逃げの姿勢、本気になれない、混乱した考え、瞑想や静かな時間が必要

Story ～カードに秘められた物語～

　黄金のカップを片手に、王子は喜びあふれる表情で、ダンスを楽しんでいるようです。平和で満ち足りた王国で、何不自由なく育った王子は、生きることそのものを楽しみ、愛に包まれた日々を過ごしているのでしょう。この世の厳しさや不安、つらい出来事など、まるで何も存在しないかのように、豊かな暮らしの恩恵に与っている王子にとって、この世はまさに楽園そのものなのかもしれません。

　周囲からも期待され、愛と豊かさをあふれるほどに注がれてきた彼は、これからどのような旅に出るのでしょうか。軽やかな様子の彼自身も、未来を楽しみにして、夢をあたためているのかも……。背景の海原は、王子の未来が未知数であり、無限の可能性を秘めていることを暗示しているようです。しかし、たとえどんな出来事に遭遇しようとも、王子に備わった心の豊かさは枯れることはなく、どのような場合でも、愛によって誠実に対処していくことでしょう。自らが恩寵を受けてきたように、他者にも与えていくことは、彼の使命でもあるのですから……。

Card Reading 〜このカードが出たら〜

【正位置の場合】

　未来への希望や憧れに、胸が高鳴っているようです。これからはじまる出来事を心待ちにしていたり、愛する人とめぐり合うことを待ち望んでいるかもしれません。今のあなたの眼前には、広い世界と大きなチャンスが開けているでしょう。イマジネーションや直感に恵まれる時期でもありますから、芸術や独自の分野で、才能を発揮する可能性もあります。愛と豊かさを手にするために、そして願いを叶えるために、スタートを切る時期であることは間違いありません。

　前途は洋々ですが、本腰を入れてトライしていかなければ、可能性の芽を正しく発芽させて、愛の実りを、ビジネスの成功を手に入れるのは難しいでしょう。いずれにしても、このアルカナは未知数の可能性を示唆しているため、これから先どのように変化してゆくかは、他のカードと照らし合わせて、読み解いてください。

【逆位置の場合】

　将来の可能性に気づけていなかったり、備わった才能を評価できないために、未来を案じているかもしれません。確かな手ごたえがないために、弱気になっていることも……。今はまだ、努力が必要な期間だと肝に銘じて、地道な努力を怠らないように。目指す目標があるのなら、たとえ遠くに思えても、必ずたどりつくと信じて、誘惑に流されたり、自暴自棄にならないように注意しましょう。

ひと言オラクル　とても大きな可能性があなたに宿っています。まだ何のチャレンジもしていないのなら、旅立ちの準備を整えましょう。あなたの目標や願いは、あなたが叶えるために存在するのですから。

カップのエース Ace of Cups

小アルカナ

【Key Words】

正位置　喜び、愛、豊かさ、恋愛、満ち足りたひととき、豊富、真実、歓喜、実り、前途洋々、ひらめきを得る、好スタートを切る、期待される、チャンス、幸運な導き、サポートされる、味方、願望が成就する、至福、結婚

逆位置　届かぬ思い、偽り、不誠実、一方通行の恋、報われぬ愛、もどかしさ、愛の試練、利己的な愛、期待しすぎる、愛情過多、不人気、感情をコントロールできない、不毛な関係、冷静さを失う

Story ～カードに秘められた物語～

　天空に現れた巨大なカップからあふれる水は、愛の象徴です。この世に豊かに流れる愛を体現したこのアルカナは、生きとし生けるものすべてに注がれている、大いなる愛を表しているのでしょう。

　主人公は喜びに包まれているときも、悲しみで心が曇っているときも、ただ気づいていないだけで、いつだって愛はそばにあるということを、天啓ともいえる形で、感じ取ったのかもしれません。自然界が惜しみなく実りをもたらしてくれるように、愛も豊かさも、自分がせき止めてしまわなければ、あふれるように注がれているのだと……。

　確かな愛の存在を感じ取った主人公は、人生を新たな心で生きる決心をしたようです。目標に向かって、がむしゃらに進むことも大切だけれど、それだけでは満たされない……ということに気づいた主人公は、自らの人生をもっと愛で満たすことに、喜びを見いだしたのでしょう。そして、真の愛のみが人を生かす力になり、最後に残るものなのだということを体現していくために……彼は旅を続けてゆくのです。

小アルカナ　カップのエース

Card Reading　〜このカードが出たら〜

【正位置の場合】

　あふれるような愛と情熱が、あなたを満たしているようです。近々、愛の出会いが訪れたり、運命的な恋に落ちるかもしれません。自分のすべてを注いでも手に入れたい……そんな目標が生まれる兆しもあります。生きる手ごたえや素晴らしい体験、歓喜の訪れを暗示するこのカードは、あなたの運命が大きく変わろうとしていることを告げています。

　思いを寄せている人がいるならば、関係が急展開するはず。内からあふれ出る愛を素直に表現していけば、人生を愛と喜びで満たすように、大きな実りをもたらすでしょう。日常のささやかな出来事や、出会いに敏感になれば、そこかしこに幸せの種が宿っていることに気づけるはず。

　また、思うようにいかない出来事や関係で悩んでいた人にとっては、ようやく思いが叶えられるように、すべての物事が最上の形で展開していくでしょう。その喜びと幸せを、大切な人と分かち合ってください。

【逆位置の場合】

　あなたの思いが強すぎるあまり、逆効果な出来事を招いているかもしれません。愛情を傾けすぎて、愛する人との関係を台無しにしていないか、振り返ってみてください。栄養を与えすぎると、植物の根を枯らしてしまうように、愛情やエネルギーの注ぎすぎは禁物です。また、不安に駆りたてられるような出来事は、あなたを試しているのかもしれません。冷静に対処すれば、予想していたよりも早く解決するはず。

ひと言オラクル　愛は惜しみなく与えるもの……。結果や愛されることを気にするよりも、できることを尽くしましょう。与えれば与えるほど、豊かな実りがもたらされるでしょう。愛するものとの関係が、急速に深まる暗示も。

小アルカナ
カップの2 Two of Cups

【Key Words】

正位置　愛情に恵まれる、愛する人との関係が前進する、結婚、婚約、経済面で幸運がある、協力的なパートナー、運命的な出会い、思いやり、円満な関係、他者への深い愛情、思いが通じる、願望成就、運命の出会い

逆位置　意思疎通、信頼関係がギクシャクする、誤解、すれ違い、疑い、コミュニケーション上のトラブル、別離、満たされぬ思い、性の不一致、気まずい関係、期待はずれ、イメージ先行の恋

Story ～カードに秘められた物語～

　愛の大切さを感じた主人公に、運命的な出会いが訪れたのでしょうか。主人公は、生涯のパートナーとなる相手とめぐり合ったようです。すべての出会いは、自分自身の合わせ鏡。愛を注ぐ相手を必要とした主人公にも、自分の分身とも思える相手が見つかったのかもしれません。

　番号の「2」は、細胞分裂によって一なるものが二極化した状態であり、バランスを意味します。ふたりはまだ出会ったばかりの状態ですが、最初が肝心というように、第一印象でお互いの未来を感じ合ったのかもしれません。これからはじまる未来を思い描いて、将来の約束を交わさんとしているようです。このアルカナは、協力関係やパートナー、運命的な出会いを暗示しています。ふたりの未来がどうなってゆくのか、まだ分かりませんが、深い愛によって結ばれたのならば、何があろうとも、きっと乗り越えてゆけるはず。さまざまな物事や経験を共有し、協力し合ってゆく中で、本当の絆が生まれるのですから……。真実の愛となるかどうかは、ふたりの今後の努力にかかっているのです。

Card Reading　〜このカードが出たら〜

【正位置の場合】

　運命的な出会いを感じていたり、「この人こそ」と思える相手との未来を暗示。愛する人がいる人は、深い愛の絆で結ばれるような出来事があるかもしれません。また、幾多の出会いの中で愛に傷つき、あきらめかけていた人には、これまでとはまったく違う未来のイメージが浮かぶような、素晴らしい出会いが訪れるでしょう。真実の愛は無条件で感じるものだからこそ、妥協しなくて良かったと心から思える、運命のパートナーとめぐり合うことは、魂の成長にとっても大切なことなのです。

　それは同性の親友や、職業上のパートナーである場合もあるでしょう。もしも、誰かとの関係で悩んでいるのなら、誤解が解けたり、信頼関係が生まれるはず。パートナーシップや協力関係に恵まれる時ですから、すでに出会っている相手も、これから出会う相手も大切にしてください。あなたが思いを注げば、素晴らしい関係が育まれるでしょう。

【逆位置の場合】

　バランスが崩れたり、思いが届かない状況を暗示。最初に期待していた関係には程遠いものであったり、情熱が冷めてきているかもしれません。真実の愛だと思っていたのに、思いが裏切られたような気がして、意気消沈している場合もあるでしょう。心のバランスを崩していることが考えられますから、自分自身の心のケアをすることが大切です。今は思うようにいかなくても、好転するきっかけがつかめるはず。

ひと言オラクル　愛する人との出会いや、愛の成就が訪れます。特別な関係が生まれたり、愛し愛される関係を手にすることができるでしょう。「生まれてきて良かった」そう心から思える人との絆を大切に育んで!

カップの3 Three of Cups

【Key Words】

正位置 発展的、関係が前進する、愛が深まる、回復、自己成長、結論が出る、問題が解決する、人気、社交的、経済面での満足、ギフト、喜び、豊かさ、幸福な展開、友愛、親愛、パーティー、祝福される

逆位置 妨害、誘惑に流される、目標を見失う、耽溺する、何かの過剰な状態によって均衡が崩れる、三角関係、形式だけのかかわり、深追いすると痛手を負う、出費がかさむ、感情的なトラブル

Story ～カードに秘められた物語～

　愛によって結ばれた主人公を祝福するかのように、宴のひとときが催されているようです。円満な関係が、周りをも幸せで満たしてゆくように、歓喜に満ち満ちた姿が描かれたこのアルカナは、愛の祝福を暗示しています。もしかすると、新たな家族が誕生したのかもしれません。愛すべき者たちに囲まれて、幸せと安らぎに包まれた主人公は、この時が永遠に続くようにと、感謝してもしきれない思いでいるようです。

　番号の「3」は、対立する2つの原理に調和をもたらし、統合することによって、まったく新しいものを創造する数。主人公は出会いによって結ばれて、ふたりで育む幸せの素晴らしさを知り、これから築いていく新しい世界を感じているのでしょう。協力することで生まれる世界を暗示するこのアルカナは、生命力や物質的な充足も示唆しています。それはたったひとりでは決して生み出せない、人と人が協力し合う中で生まれる魔法。それこそが無限の力を引き出し、真に創造的な人生への扉を開くカギであると、主人公は理解しはじめたところなのかもしれません。

Card Reading　〜このカードが出たら〜

【正位置の場合】

　問題が円満に解決したり、喜ばしい出来事が到来する兆し。社会的な活動が認められたり、周囲から祝福されるポジションに抜擢(ばってき)されるなど、発展的な流れにあるでしょう。それらはひとえに、周りの協力あってのことだと忘れないように、感謝の気持ちを表現していくことが大切。親愛の情によって、多くの恵みがもたらされるこの時期は、その喜びを大切な人たちと分かち合ってください。ますますのサポートが得られたり、ひとりではなしとげられない成功を手にすることができます。

　また、自分から率先して誰かをサポートすることで、自己成長していく時でもあります。人が人によって磨かれてゆくことの素晴らしさを実感する、貴重な体験が待っています。敵だと感じていた人に助けられることもあるかもしれません。調和的で平和な心のあり方を保つことで、あなたと、あなたに関係するすべての人に幸せがもたらされるでしょう。

【逆位置の場合】

　私生活と公的生活のバランスを崩していたり、愛情過多や性への耽溺(たんでき)によって、自分自身を見失っている懸念を暗示。あるいは、三角関係など、感情のもつれで悩んでいるかもしれません。安らぎや穏やかな関係を望んでいるにもかかわらず、それが手に入らないジレンマを抱いていることも……。いずれにしても、不安定な関係を解消したり、環境をリセットする必要がある時です。深入りは避けてください。

ひと言オラクル　人を愛することでしか学べないことは、たくさんあります。愛する中で生まれる新たな自分を感じながら、恐れずに愛を表現してください。あなたが思うように、相手からも思われるはずです。

カップの4 Four of Cups 〈小アルカナ〉

【Key Words】

正位置　安定、閉塞的な状況、不足感、刺激が欲しい、現状を突破する方法が見いだせない、スランプ、現状維持、堂々めぐりの悩み、不完全燃焼、チャンスが降ってこないかと願う、変化したい、将来にまつわる悩み

逆位置　変化、閉塞的な状況が打開される、新たな行動を起こす、運命を切り開く、予期せぬチャンスが訪れる、展望が開ける、明るい未来、スランプから抜け出す、才能を発揮できる、注目を浴びる

Story 〜カードに秘められた物語〜

　穏やかで安定した時の中で、主人公はスランプに陥っているのでしょうか。満ち足りているはずなのに、何かが足りない気がして悩んでいる様子がうかがえます。申し分のない環境、愛情に満ちたパートナー、何不自由のない暮らしに、いったいどんな不満があるというのでしょう。はた目には幸福そうでも、内面には、はかりしれない葛藤が潜んでいることもあるように、彼にも何か悩みが生じているのかもしれません。

　あるいは、平和で安逸な暮らしに慣れてくると、日常のありがたみを忘れてしまうように、主人公もまた自らの幸せに気づかず、決まり切った日常をマンネリに感じているだけかもしれませんが……。それがただ刺激を求めているだけなのか、あるいは、この幸せに安住することなく前進するための悩みであるのか、本人すら分かりかねているようです。

　番号の「4」は、安定や定着を意味する数であり、固定的な状態を示唆します。この状況を突破することは簡単ではないけれど、主人公は悩み抜く中で、その答えを見つけ出すのでしょう。

小アルカナ　カップの4

Card Reading　〜このカードが出たら〜

【正位置の場合】

　自分の才能を生かす場は、ほかにあるように感じていたり、今のままでは殻を破れないまま、何も変わらない気がしてモヤモヤしているかもしれません。あるいは、特別な問題がなくても、現状に行き詰まりを感じていたり、閉塞的な状況から抜け出したい……と考えているのではないでしょうか。スランプというほど大きなものではなくても、不満がないと言えばウソになるという感じ。煮え切らない思いが見え隠れしています。

　かつてのような刺激的な日々を過ごしたいとか、これまでやってきたことに飽きたり、新鮮な場で新しく活動したいという思いが、心のどこかに潜んでいるのでしょう。慣れ親しんだ関係に、疲れてきている可能性もあります。仕事面では、キャリアアップを考えていたり、転職か、思い切って独立するかで迷っていることも……。今は変化の前の混沌とした時期でもあるので、大きな決断は慎重を期したほうがいいでしょう。

【逆位置の場合】

　思いがけないチャンスがめぐってきたり、閉塞的な状況から抜け出すことを暗示しています。あなたが考えていた方向性ではないかもしれないけれど、結果的に素晴らしい変化が訪れるでしょう。急な展開や、幸運が訪れる兆しであることは間違いありません。そして、試行錯誤したり悩んだことが、ムダではなかったことを知るでしょう。新たなビジネス展開や、経済面と愛情面にまつわる発展が期待できます。

ひと言オラクル　もっと能力を生かしたい、ふさわしいポジションに就きたいなど、現状への不満がわき起こっているかもしれません。マンネリな状況を打開すべくチャレンジしたり、新たな方向性の模索を！

カップの5 Five of Cups

小アルカナ

【Key Words】

正位置 リセット、損失、失望、期待通りにいかない現実、台無しになる、どうしていいか分からないような気持ちになる、これ以上頑張る気になれない、尊厳を失う、順調だったことが破綻する、精神的なショック

逆位置 再生、復活、再起、新たな出会い、新鮮な出来事、不遇な時代が終わりを告げる、困窮から脱する、あきらめかけていた夢が再びわき起こる、再挑戦する勇気が出てくる

Story 〜カードに秘められた物語〜

　現状への不満から思い悩み、新たな方向性を模索したものの、主人公の決断は失敗に終わってしまったようです。思い切った決断によって、大切な何かを失ってしまったのかもしれません。軌道に乗っていたビジネスが台無しになってしまったのか、安定していた暮らしまで失ったようです。幸せになるためにはじめたことだったのに、その代償としてすべてを失い、愛する人も去ってひとり取り残された主人公は、失ったものの大きさを感じて、途方に暮れているのでしょう。

　番号の「5」は、対立物を表す2と、万物を生じさせる3が合わさった数であり、創造的な精神性を表します。ここでの主人公は、人生の再構築を余儀なくされているようです。主人公の考え方の欠損部分がもたらした失敗と失意は、彼が再び人生と向かい合い、真の愛の大切さに気づいて、たゆまぬ努力を続けるために、原点に立ち返ることをうながしています。主人公は、穏やかで平和な暮らしがいかに素晴らしく、かけがえのないものであったかを、思い知らされているようです。

Card Reading ～このカードが出たら～

【正位置の場合】

　期待していたような結果を得られず意気消沈したり、努力が水の泡になるような出来事によって、頑張る気力すら失っているかもしれません。何がいけなかったのか、どこで歯車が狂ったのか、巻き戻しのできない現実を前に、途方に暮れていたり、どうにもならない思いを持てあまして、投げやりになっている場合も……。このカードは、失望や失意によってリセットする時期を迎えていることを暗示しています。ヘタに現状をどうこうしようとしても、焼け石に水。かえって悪化する恐れもあります。今は静かに現実を受け止め、ダメになったことを見限ることが大切です。早めに態勢を立て直し、余力のあるうちに方向転換をしましょう。

　対人関係では、愛する人との別離や、円満だった関係の破綻などで、心が取り残されたように感じているかもしれません。愛を取り戻したいという思いや、愛する人を失った悲しみによって苦しんでいることも。

【逆位置の場合】

　ダメになったものがよみがえり、新たな希望が芽ばえる兆しです。一度は別れた相手から連絡がきたり、終わったと思っていた縁が復活するかもしれません。あきらめかけた夢に、もう一度トライしようという勇気がわいてくることも……。ただしこれらの変化は、あなたが過去を反省したり、生き方や考え方を変えようという試みによって、招かれてくるのです。変えたいことがあるなら、本気で取り組んでください。

ひと言オラクル　一歩も進めないような状況でも、後ろ向きな気持ちがぬぐえなくても、自分を労る心を忘れないで！　自分自身に愛を注ぐことは、今の苦悩から抜け出し、愛をよみがえらせるためにも大切なのです。

CUPS 小アルカナ カップの6 Six of Cups

【Key Words】

正位置　繊細さ、デリケートな感受性、純粋な心、過去を懐かしむ、幸福な思い出、郷愁、家族や兄弟愛、思慕、愛着、憧れ、原点回帰、癒しのひととき、思っていた以上に早く回復する、新たな可能性の芽ばえ、再出発

逆位置　過去を乗り越える、未来への展望が開ける、癒される、つらい記憶が薄れる、事態が良い状況へと一転する、悩みや不安が解消する、傷つき失ったものが過去へと帰す、人生に対して積極的

Story 〜カードに秘められた物語〜

　行き詰まり、すべてを失った主人公は、過去の幸せだった時を思い出しているようです。どんなに追いかけても、もう二度と手に入らない過去だからこそ、たとえようもなく美しく思い出され、やみがたき郷愁がわいてくるのだ……そう頭では分かっていても、傷ついた心は、現実よりも過去へと向かってしまいます。楽しかった幼少期や、愛に満ちていた過去を想起することで、彼は自分の心を慰めているのでしょう。

　番号の「6」は、万物を生じさせる3が合わさった数であり、調和とバランス、幸福な世界の兆しを意味しています。主人公は、自身の最も純粋なころの記憶をたどることで、知らず知らず心の回復をはかっているのかもしれません。原点へと立ち返り、幸福で喜びに満ちていた記憶を呼び覚ますことで、内なる力が喚起され、新しい世界へ踏み出す勇気がよみがえってくるように……。そんな期待をしていなくても、再び立ち上がり未来を切り開く力が、きっとわき起こってくるはず。主人公の心の純粋さは、今も変わらず、ともにあるのだから……。

Card Reading　〜このカードが出たら〜

【正位置の場合】

　言葉にできないほどの悲しみや苦しみに、心が壊れてしまうような思いがしていたとしても、あなたの心の純粋さは失われてはいません。つらい現実から逃げるように、幸せだった過去の記憶が呼び覚まされることもあるでしょう。それはあなたのピュアな感性が、心を守ろうとして、過去の幸福な記憶に立ち返らせようとしている働きでもあるのです。

　今は幸せな未来を思い描くことができなくとも、心配しないでください。どんなに過去が美しく、もう二度と戻れぬ悲しみがわいてきたとしても、すべての感情をあるがままに感じましょう。理性で判断しようとせず、感じるままに今を受け止めることが、心をよみがえらせる力になります。記憶の中の幸せな出来事は、生きている以上、決して失われることのないもの。幸せな記憶によって生かされていることに感謝して、悲しみが癒えるのを待ちましょう。大丈夫、あなたは必ず復活します。

【逆位置の場合】

　過去にまつわる感傷や、やむにやまれぬ思いを断ち切り、未来への一歩を踏み出す暗示です。「もう一歩も進めない」と思っていたあなたには、過去への思いや不安を忘れ去るような出会いや、チャンスが舞い込むことによって、まったく新しい展開が開けてくるでしょう。ようやく前向きな気持ちがわき起こり、心にも未来への希望が宿るはず。後悔の念やあきらめは、前進する勇気に代わるでしょう。

ひと言オラクル　過去が美しく思えるのは、生きている証。愛に満ちた記憶は、あなたの宝物です。過去の素晴らしい記憶が、あなたの歴史を築いてきたように、あなたの未来にもまた、素敵な体験が待っています。

カップの7 Seven of Cups

【Key Words】

正位置 惑い、混乱、誘惑、衝動的、近視眼的考え、非現実的な妄想、漠然としたイメージ、欲望、夢想する、手が届かない夢、無謀なチャレンジ、無力感、理想、白昼夢、現実逃避、運命的な出来事を待ち望む気持ち、コンプレックスを解消したい

逆位置 実現不可能と思っていた夢への扉が開く、チャンスが舞い込む、願望が現実になる、問題が解決する、サポートを得られる、すべてに感謝する思いがわき起こる、経済面での向上、発展的

Story 〜カードに秘められた物語〜

　主人公は過去に立ち返ったものの、この先どこへ向かってゆくのか、考えあぐねているようです。そんな心をもてあそぶかのように、さまざまな願望が浮かんできては、彼を惑わせている様子がうかがえます。富が欲しいのか、名誉や名声なのか、愛なのか……本当は何を欲しているのかも、分からないでいるのでしょう。空虚な心を、喪失感を埋められるなら何でもいいと思えるくらい、今の彼には何もないのかもしれません。そんな今の自分を変えられるなら、たとえ悪魔の誘惑であったとしても、乗ってしまうだろう……そんな思いが伝わってくるようです。

　番号の「7」は、創造原理を表す3と物質原理を表す4が合わさった数であり、宇宙の創造原理を表すとされる数。創造や完成された世界を意味しますが、このアルカナでは、完成されたものを求める気持ちを暗示。近視眼的といわれようとも、刹那的なものであろうとも、非現実的な夢に酔いしれているほうが、現実と向き合うよりも幸せだと思っているのかもしれません。人生を変える魔法なんてないと知りながら……。

Card Reading 〜このカードが出たら〜

【正位置の場合】

　現状を変えたい、変化したいという欲求の表れ。すぐには手が届かない、あるいは一生手にすることができないような夢を抱いたり、さまざまな欲望がわき起こっているかもしれません。どれが本当の欲求なのかも分からないまま、根拠のないプランを考えたり、一攫千金的なチャンスを夢見ていることも……。ただし、それらすべてが夢のまま終わるとも限りません。今は、非現実的で浅はかな夢だと切り捨てず、漠然とした願望や、心をわき立たせるような可能性を信じることが大切です。

　未来を予感させるイメージや、願望のひとつひとつをじっくりと育てましょう。誰かに話したら一笑に付されるような夢だったとしても、あなたを駆りたてるものがあるなら、今後の重要なエネルギーの源になる可能性があります。想像力やインスピレーションが高まっている時ですから、感じ取ったことをメモしておくと、後々役立つでしょう。

【逆位置の場合】

　さまざまな願望の中から、真の欲求を見つけ出す暗示です。これこそが自分の生きる道だと思えるような、生涯の目標が定まったり、あなたの夢をサポートするような、現実的な協力者が現れるかもしれません。また、実現なんて程遠いと思っていた夢が、あっさり叶えられるようなチャンスが舞い込む可能性もあります。目の前が大きく開けるこの時期は、自己の可能性を信じることが大切です。

ひと言オラクル　非現実的な夢にとらわれたり、手に入らない現実を感じて無力感に襲われたりと、心が不安定になっているかもしれません。あなたが心から望んでいることではないことに、心を奪われないように！

小アルカナ

カップの8 Eight of Cups

【Key Words】

正位置 これまで追いかけていたものが意味を失う、関心や情熱が冷める、価値観が一転する、魂の探求、精神性に目覚める、もっと意味ある人生を生きようと決意する、精神性や霊性が高まる、内的秩序を取り戻す、真の幸福を手に入れる

逆位置 幸福、過去を清算する、腐れ縁を断ち切る、大幅な路線変更が成功する、将来への見通しが立つ、新たなネットワークや人間関係で人生が開ける、自由を得る、幸せな生活、生活習慣の改善

Story ～カードに秘められた物語～

ひとつ前の「カップの7」で、多くの夢や願望に翻弄された主人公は、そのどれもが、自分が本当に求めるものではなかったと気づいたのでしょうか。カップに背を向け、新たな旅に出ようとしているようです。

真の幸福は、何か特別に条件づけられたものではなく、現実的な価値ともまったくかけ離れたものだと気づいたのかもしれません。これまで追いかけてきたものは、今や彼にとっては何ら価値のあるものではなく、それゆえに真の幸福を求めて、旅立ちを決意したのでしょう。

番号の「8」は、4が2つ合わさった数ですが、8を横に書くと0が反転して結びつく「無限」を表す記号になることから、物質世界と反物質（精神）世界の結びついた数と考えられます。主人公の価値観は、一転してしまったのかもしれません。「これまで追っていたものは、幸せの幻想であって、真の幸せではない……悲しいかな、それが今の現実。ならばそれを受け入れて、魂の探求を続けよう」これまで築いたものを捨てて旅立つ主人公の後ろ姿は、そう語っているかのようです。

Card Reading　〜このカードが出たら〜

【正位置の場合】

　これまでの目標や手にしてきたものが色あせたり、価値観が変容する時期を暗示。物質的にだけではなく、精神的にも余裕のある暮らしをしたいと望みはじめるかもしれません。キャリアアップよりも、自由なライフスタイルを追求したくなる場合もあるでしょう。あるいは、今までまったく関心のなかった分野に目覚め、新たな活動をはじめることも……。

　いずれにせよ、人生の岐路に立ち、新たに決意することになるかもしれません。それは、今までからは想像もつかないほどの変化である可能性が高いでしょう。ビジネス面では、大幅な方向転換をはかるケースも。

　特に20代半ばから後半、30代半ば、そして40代前半の人にとっては、人生を左右する大きな決断の時期。一生のパートナーを真剣に求め、それまでの相手と別れたり、浮ついた暮らしと決別するなど、苦痛やリスクを伴う決断になるかもしれません。でも、真に価値があると思える人生を手にするために、勇気ある前進となるのは間違いないでしょう。

【逆位置の場合】

　腐れ縁を断ち切ったり、過去を清算するなど、人生を変えようとする意識が高まる兆し。目標の再設定や新たな展開によって、人生が開けたり、喜びを手にする暗示もあります。人間関係や環境の変化によって、新しい関係性が生まれたり、悩みが解消されるでしょう。あきらめていたことが実現するなど、幸福な出来事が待っているかもしれません。

ひと言オラクル　今までの価値観が一変するような出来事があるかもしれません。慣れ親しんだものと決別したり、方向転換をはかりたい気持ちがわき起こってきたら、今こそ新たな道へと歩みだすチャンスです！

CUPS 小アルカナ
カップの9 Nine of Cups

【Key Words】

正位置 夢が叶う、願望が成就する、成功、栄誉、充足する、豊かさ、目標を達成する、幸運、ツキに恵まれる、願いがことごとく叶い満足する、優雅な暮らし、経済力や富を得る、社会的に認められる、環境が良くなる、ビッグチャンス

逆位置 計画通りにいかない、失敗する、夢破れる、不満な結果、先行きが見えない、紛失、援助を失う、利益を独り占めしようとする、経済的な悩みを抱える、不当な扱い、読みを間違える

Story 〜カードに秘められた物語〜

　真の幸せとは何なのか……それはどこにあるのか……。幸せを追い求めるうちに真の幸福から遠ざかり、目に見える価値や幻想に惑わされながらも、主人公はようやく、彼の求める幸せを手にすることができたのでしょうか。幸福の青い鳥が主人公たちの元にいたように、彼も、手元の幸せを見失っていただけなのかもしれません。真の幸福は、どこからともなくやってくるものではなく、自らの内からあふれ出てくるもの。今の幸せに気づけなかったら、生涯幸せに過ごすことなんてできない。彼は自分がすでに、すべてを手にしていたことに気づいたのでしょう。

　番号の「9」は、1桁の数字の最後を締めくくる数であり、完了や完結を意味します。1からはじまった主人公の旅は、彼自身の気づきによって完結し、彼は満面の笑みで、自分の環境や手にしてきたすべてに感謝して、命あることの喜びをかみしめているようです。大切なのは、今が幸せであるということ。そしてその幸せに感謝し、人生の喜びを味わうことが、何よりも豊かに生きるということにほかならないのだと……。

Card Reading 〜このカードが出たら〜

【正位置の場合】

　願いがことごとく実現したり、豊かさを享受できるでしょう。大きなビジネスチャンスの到来や、名誉な出来事があるかもしれません。あきらめていたものが手に入ったり、自信が回復するなど、心身両面で満ち足りる兆し。これまでの悩みや屈辱、どうにもならない思いも、すべてはここにたどりつくためのプロセスだった、と感じるかもしれません。

　一時は、人生を悲観して、自分には訪れることはないかもしれないとさえ思った幸せが、あなたの元に訪れるのです。他の誰かや何かに対して、感情的な不満が少しは残っていたとしても、笑顔で許しましょう。あなたが与える感謝と喜びは、すべからくあなたの幸せに直結しているのですから……。過去を振り返らずに、今の幸せを心から味わってください。ますますの発展が約束されるでしょう。

【逆位置の場合】

　願望や期待が崩れ去ることを暗示。先行きの見えない不安にさいなまれたり、失いたくない思いから相手に固執して、泥沼にハマるかもしれません。当然、自分のものとなるはずと思っていたことは、あなたの手をすり抜け、遠い存在となってしまうかも……。可能性の扉が閉ざされてしまったような絶望を感じるかもしれませんが、この時期の終わりには、思いがけない愛によって救いがもたらされます。追い求めていたものとは違うものにエネルギーを傾けることで、状況は好転するでしょう。

ひと言オラクル　ひたむきに続けてきた努力、愛を注いできたことが結実する暗示。積年の夢が叶えられたり、喜びに満ちた出来事が訪れるでしょう。愛と富に満たされて、満足のいく人生を手にしてください！

カップの10 Ten of Cups

小アルカナ

【Key Words】

正位置 幸福な暮らし、平和、家庭円満、愛情に満たされる、生活が質的に向上する、手ごたえのある関係、休息、リラックス、周囲から支持されサポートを得る、友情、博愛、繁栄、永続性のあるパートナーシップ、未来の約束

逆位置 過剰なストレス、フラストレーション、家族との不和、対人関係のトラブル、関係性が破綻する、閉塞的な状況、逃避したい気持ち、冷遇される、やむをえない状況、愛を注ぎ続けることで得る

Story ～カードに秘められた物語～

　虹色に輝く空を見上げる、幸せな家族の光景が描かれたこのアルカナは、主人公が旅路の果てに手に入れた、幸せな姿を暗示しています。幸福な暮らしを夢見て旅立ったものの、せっかく手にした幸せを喪失し、さまざまな苦悩をくぐり抜けて、彼はようやく真の幸せを、円満な家庭を築くことができたのでしょう。もう特別な何かを追いかけて、心を消耗させながら、愛から遠ざかることもありません。永遠に続く平和な暮らしと、愛に満たされる安らぎを手に入れ、こみ上げてくる深い愛が、彼を包みこんでいるようです。これこそが、自分が夢に描いていた人生なのだと、心を震わせながら、すべてに感謝を捧げているのでしょう。

　番号の「10」は、より高い次元でのはじまりを表す数であり、スケールアップした人生のスタートや、円満な世界を暗示。念願叶って手にしたこの幸せを、末永く維持してゆくために、主人公は家庭を守り、愛を注いでゆく決意を新たにしているのかもしれません。幸せは得がたく脆いものゆえに、もう二度と失うことのないようにと胸に誓って……。

小アルカナ　カップの10

Card Reading　〜このカードが出たら〜

【正位置の場合】

　末永く続く幸せを願って夢見てきたことが実現したり、幸運な出来事が降り注ぎます。満足のいく暮らしや、愛の成就、素晴らしいパートナーを得て、新たな未来を築いてゆく決意をするかもしれません。また、かつて望んだ暮らしを手にすることができるこの時期は、安住の地を見つけたり、経済的な余裕から、生活面が飛躍的に向上する可能性が。

　すべては、あなたが注いできた愛と、真心からの行ないによって導かれる結果です。初心を忘れず、人とのご縁を大切に育んでください。素晴らしい協力関係によって、さらなる幸福がもたらされたり、真心が通じて大切な人との絆(きずな)が復活するかも……。周囲に援助を惜しまず、社会貢献に参加したりすることで、精神面での成長と心の安らぎが約束されます。難航していたことは円満に決着し、不安は解消されるはず。重荷から解放されて自由を得るなど、休息や心の安定、リラックスも暗示。

【逆位置の場合】

　家庭や対人関係におけるイザコザによって、心が疲弊したり、重圧や重責を抱えて苦悩することを示唆しています。気づかぬうちに、ストレスやフラストレーションがたまっていたり、健康を害しているかもしれません。また、苦労しているのに、誰も理解してくれない孤独を感じていることも……。この時期は、制限や抑圧を感じるかもしれませんが、逃げずに取り組むことで、希望通りの展開へと導かれるでしょう。

ひと言オラクル　深い愛と心の安らぎに包まれる時。永遠の愛を誓い合ったり、あなたを取り巻く環境が素晴らしい変化をとげるかも……。重苦しかった悩みから解放されて、喜びと愛に満ちた日々を過ごせるでしょう。

Column

小アルカナに秘められたストーリー

　占い好きならなじみ深い大アルカナに対して、小アルカナは枚数も多く、各カードの意味もより細かくなっているため、「なかなか意味が覚えられない！」ということもあるでしょう。そんなときは、小アルカナのカードをエレメントごとに順番に並べて、全体を見てみましょう。そして、それぞれのカードにまつわるストーリーを通して読んでみてください。

　すると、それらがひとつの「物語」を構成していることに気づくはずです。絵を見ながらその物語を追っていくことで、「このカードはあのシーンだった」と、絵を見ただけで、その意味がパッとひらめくようになるはずです。

★ワンド ── 火の王子の物語 ＜テーマ：理想の追求＞
火は精神や情熱の象徴。今ここにはない理想を求め、人生を切り開いていく冒険ストーリー

★ペンタクル ── 地の王子の物語 ＜テーマ：才能を磨く＞
持って生まれた才能を育み、磨いていく中で、真の豊かさに気づき願望を成就させるサクセス・ストーリー

★ソード ── 風の王子の物語 ＜テーマ：自由と平和の希求＞
自由と平和を求めて、時に傷つき、葛藤しながら自己発見していく成長ストーリー

★カップ ── 水の王子の物語 ＜テーマ：愛の探究＞
自己への愛、他者への愛などの学びを通して、真実の愛を結実させるハートフル・ストーリー

第 3 章

タロット占いの基本

占いを始める前に……

★ まずはカードにあいさつを

カードを初めて使うときは、まずはカード全体を眺めながら、「これからよろしくね」という気持ちであいさつをしましょう。気持ちを込めることにより、カードにあなたの「気」が入って同調しやすくなります。

★ 占いにふさわしい場を準備

カード以外に、特に用意するものはありませんが、カードの表面の汚れや傷みを防ぐため、お気に入りの布やハンカチをタロットクロスとして、占う場所(テーブルの上など)に敷いておくといいでしょう。また「占う」という非日常的な意識に切り替えるために、お香やキャンドルをたいて、占いに集中できるような神聖な空間をつくるのもおすすめです。

★ 穏やかでニュートラルな気持ちで

占いをするときは、悩んでいたり不安を抱いていることも当然、多いと思います。ですが、気持ちがザワついて落ち着きがなかったり、体の筋肉がこわばっていたりすると、解釈もネガティブに傾きやすくなります。

そういう場合は、占う前に軽くストレッチをしたり、お風呂に入ったりして気分を一新しておくと、気持ちをニュートラルに保つことができて、占いに入りやすくなるでしょう。

占いの手順

① 自分の心と向き合う

いざカードに質問を投げかけようとすると、きっとさまざまなことに気がつくでしょう。「こうなりたい」と思っていたけれど、「本当にそうだろうか?」と疑問がわいてきたり、占う前からあきらめている自分に気づいたり……。未来に関して、漠然としたヴィジョンしか描けていなかった、と気づくこともあるでしょう。つまり、質問を考えることで、自分の本当の「願望」が分かることもよくあるのです。

カードに問いかける前に、「本当はどうなりたいの?」「本当にそれを望んでいるの?」など、じっくり自分の心と向き合ってみましょう。

② 質問を設定する

占いの的中率を大きく左右するのは、実は「質問のしかた」です。ピンとくる答えが得られないという場合、その原因は「質問のしかた」にあることがほとんどなのです。質問を設定するときのコツと注意点を、以下に紹介しましょう。

あいまいな言葉は避ける

よくやってしまいがちなのが「うまくいきますか?」という質問。「うまく」という言葉はあいまいで、何をもって「うまく」なのかが分かりません。たとえば恋愛に関しても、場合によってはふたりが別れることが、お互いにとっていい未来をもたらす場合もあるのです。

例 ✗ この恋はうまくいきますか?
→ 彼の中で私は、どんな存在になっていますか?
→ 彼と私の距離は、どのくらい近づいていますか?

ピントを絞って具体的に表現する

単純な物事の吉凶だけでなく、より具体的なアドバイスをくれるのがタロットの醍醐味。問題のピントを絞り、質問をシャープにしていくことで、より現実的な行動に結びつけやすい、良いヒントが得られます。

例 ✕ この仕事はどうなるでしょうか？
→ **このプロジェクトは、どんな戦略でいけばいいですか？**
→ **この仕事を成功させるコツは何ですか？**

利己的な質問はNG！

自分の利益だけを考え、そのために誰かを傷つけるような結果を望んだり、人の気持ちを無理やり変えさせるようなことを願うのはNGです。また、人の幸せを奪い、不幸を願うような質問もしないように。どうしてもそのテーマについて占いたい場合は、質問のしかたを変えましょう。

例 ✕ あの人は、私のことを好きになってくれますか？
→ **あの人に好きになってもらうために、どんな行動をとればいいですか？**
✕ あの人が彼女と別れて、私のところに来てくれるでしょうか？
→ **あの人といつか一緒になることができますか？**
✕ 仕事で、あの人に勝つことはできますか？
→ **私が仕事で最善を尽くし、成果を挙げることができますか？**
✕ あの人はなぜ、私に意地悪をするのですか？
→ **あの人の行動に、私が傷ついてしまうのはなぜですか？**

どうしても質問が立てられないときは、今は占うべきではないのかもしれません。しばらく時を置いてからにしたほうがいいでしょう。

質問のしかたが分からない場合は、「この状況は、私に何を教えているのでしょうか？」または「この出来事によって、私は何を学ぶ（得る）

のでしょうか?」という問いかけをして、ワンオラクル・スプレッド（P188参照）で占ってみるといいかもしれません。

③ 展開法（スプレッド）を選ぶ

スプレッドとは、タロットをある「形」に配置したもので、配されたカードの場所によって「何に対する答えなのか」「この問題のどんな部分を表しているのか」など、多角的に深く占うことが可能になります。

本書の第4章（P187～）では、次の6つのスプレッドを紹介していますので、設定した質問にふさわしいスプレッドを選んでください。

質問	スプレッド
一問一答で答えが知りたい	ワンオラクル（P188～）
AとB、どちらを選択すべきか知りたい	ツーカード・スプレッド（P191～）
2つの要素を比べてみたい	ツーカード・スプレッド（P191～）
物事や気持ちの「流れ」を知りたい	スリーカード・スプレッド（P194～）
近い未来の運気が知りたい	スリーカード・スプレッド（P194～）
その問題を引き起こした原因が知りたい	ケルティッククロス・スプレッド（P196～）
今の自分の心境を深く掘り下げたい	ケルティッククロス・スプレッド（P196～）
今の自分の全体的な運気が知りたい	ホロスコープ・スプレッド（P200～）
一年間の運勢の流れやテーマを知りたい	ホロスコープ・スプレッド（P200～）
皆でわいわい占い合いたい	パーティー・スプレッド（P207～）

④ 使用するカードを選ぶ

　カードは必ずしも、78枚すべてを使う必要はありません。

　転職や独立、結婚など、人生の転機にまつわる重要な局面を占いたい場合は、大アルカナ22枚だけを使用したほうが、はっきりとした答えや明確な方向性が分かります。

　一方、問題の解決法や運勢の流れなどを総合的に占いたい場合は、大アルカナと小アルカナのすべてを用いて占ったほうが、より詳しく内容を掘り下げて知ることができるでしょう。

　また、たとえば愛する人との恋愛ドラマがどのように進行しているのか、相手の思いを知りたい、ふたりがどんな状態にあるのか、心の距離がどうなっているのか……など、微妙なところまで知りたいときは、小アルカナを使用したほうが、具体的で分かりやすいかもしれません。恋愛に限らず、仕事や人間関係についても同様です。

　大アルカナだけを使用するのか、小アルカナだけ、あるいは全部のカードを用いるのかは、占う目的に応じて、使い分けるといいでしょう。

※本書では、このタロットオリジナルの手法として、小アルカナの中でも、ある特定のエレメントのカードのみを使用して占う「エレメント法」（P208～）も紹介しています

⑤ カードを交ぜ合わせる

　質問の内容を頭に浮かべながら、カードをすべて裏返し、テーブルに広げて両手でかき交ぜます。これを「シャッフル」といいます。トランプをするときのようにカードを手に持ち、繰り返し切ってもいいでしょう。自分のやりやすい方法で、回数などもそのときの気分で行なってください。

　このカードを交ぜ合わせる作業は、とても重要です。カードに触れ、シャッフルをする一連の流れの中で、自分自身の心の状態を如実に理解できるのです。問題となっていることをイメージしながら、カードをシャッフルしていくうちに、それに対する自分の思いや覚悟、集中力が高ま

っていくことに、きっと気づけるでしょう。カードをシャッフルすることは、一種のメディテーションでもあります。

　ですから、シャッフルの回数や、左回り・右回りなど、細かいことを気にする必要はありません。なぜなら「〇回交ぜなければ」などと考えていると、問題から意識が離れてしまうからです。

　実際にカードをシャッフルしていると、何かがカチッとハマるような感覚があり、止め時がきっと分かるはずです。占いを重ねていくうちに、この「何かにつながるような」ピタッとくる感覚が、分かるようになるでしょう。そうした直感を大切にして磨いていくうちに、カードの読み解きも感覚的にできるようになっていくはずです。

⑥ スプレッドに配置する

　カードが十分に交ざったと感じたら、ひとつの山にまとめ、手に持ちます。そして上から順に、スプレッドに配置していきましょう。

　使用するカードが4枚までならば、1枚ずつカードを置きながらめくっていくと、物語が見えてきやすくなります。ですが、5枚以上になる場合は、一度すべてのカードを配置し終えてから、1枚ずつめくって、意味を確認しつつ読んでいったほうがいいでしょう。5枚を超えると、前後関係や詳細を考えたり、流れを理解するのが難しくなるからです。

⑦ カードの意味を読んでいく

　出たカードの意味を読んでいきます。本書の解説を読む前に、まずはカードに描かれている絵を眺めてみましょう。カードから感じ取ったイメージが、きっとあると思います。良い感覚であることもあれば、ちょっと不安な感じや、「あっ！」と思うような、心当たりのある何かを感じることも……。そのときの感覚こそが、占いの結果を暗示していることが多いものです。ですから、カードが出たときの第一印象を大事にしましょう。

～「逆位置」について～

　本書のカード解説には、プロの方やタロット熟練者のために、カードが「逆位置」(天地左右逆さま)に出た場合の解釈も記してあります。ですが、基本的には逆位置をとらなくてもかまいません。なぜなら逆位置は、正位置の出来事を別の角度から見た結果だったり、正位置が出たときよりも実現にやや時間がかかるというだけで、必ずしも物事が逆転しているとか、否定的な結果ばかりとも限らないからです。

　すべての基本は正位置なので、逆位置をとる場合も、まずは正位置の解説を読んでから、逆位置の解説を読むようにしてください。また逆位置をとる場合は、カードの天地左右が逆さまにならないように、気をつけてめくりましょう。

　　　　正位置 　　　　　　　　正位置

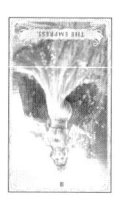

　　　　逆位置 　　　　　　　　逆位置

タロット上達のための4つのコツ

★ カードの「第一印象」を大切に

　カードをめくったときの第一印象は、とても大切です。いい意味のカードでも、なぜか不安な感じがしたり、逆に悪いカードでも、どこかスッキリした気持ちがするなら、カードから直感的に受け取ったそのインスピレーションを大切にしましょう。

　カードの持つ意味やキーワード、理想的な結果かどうかということに、こだわりすぎないように！　カードがあなたの心に語りかけてくる、そのイマジネーションこそが重要なカギなのですから。

★ 主張するカードに注目を

　カードを切っているときに偶然飛び出してきたり、シャッフルしている最中に裏返ったりして、あなたにアピールしてきたカードには、占いの答えが秘められていることが多いようです。「あれ？」と思って切り直しても、また同じカードが飛び出してくるケースもあります。

　そんな場合は、そのカードの意味をチェックしてみましょう。占う前から、答えを教えてくれることがしばしばあるのも、タロットの面白さと言えるかもしれません。

　また、一連の占いの中で何度も同じカードが出てくる場合も、あなたへの重要なメッセージがそこに集約されていると考えられます。そうしたケースに遭遇したら、そのカードに注目して、そのときの「キーカード」ととらえてください。

★ スプレッドを俯瞰して眺める

　カードの解説を読んでも、意味が分かりづらかった場合は、スプレッド全体を俯瞰して眺めてみましょう。たとえば、特定のエレメントのカードが多く出ていたり、人物が多いとか、あるいは運命を表す暗示的なカ

ードが多いとか、何らかの特徴が見えてくるかもしれません。

そこには大切なヒントやメッセージが秘められているはずですから、より深く分析してみるといいでしょう。

ひとつのスプレッドの中に、同じエレメントカードが複数出ている場合も、問題の背景にある物語を表していると考えられます。深い部分で語りかけてくる、カードのメッセージを探ってみることは、タロット占いの醍醐味といえます。

★ 前回出たカードに着目する

前に占った際に「未来」の位置に出ていたカードが、次に占ったときには「過去」や「現在」の位置に出ていたならば、きちんと課題をクリアして前進している証。つまり昨日の「未来」が、今日の「現在」や「過去」になっている、ということです。

このように、前に占ったことや、別の質問に対して出た答えなどが、そのとき占っている問題と関連性を持っているケースは少なくありません。ですから「タロットノート」を作ったり、写真などで記録しておくのもおすすめです。

タロットにまつわるQ&A

Q 1日に何度も占ってもいい？

質問を変えればかまいませんが、同じ質問は1日に1回だけです。たとえば、意中の彼との関係を占ったときに、期待していたのと違う結果だったとしても、不安をぬぐい去ろうとして、安心できる結果が出るまで繰り返し占ったりしないように！

この「アルケミア・タロット」は、単純に吉凶を知るためだけではなく、現在、自分がどんなプロセスにいるのかを知るために作られたタロットです。占いの結果をしっかりと受け止めて、問題そのものが問題ではなくなるように、前進するための手段としてください。

Q 占いの有効期間はどれくらい？

タロット占いにおいて、ひとつの質問の有効期限は、だいたい2週間〜3カ月と考えてください。もし、その間に状況や心境が変化したならば、同じ質問でもう一度占ってもかまいません。

Q 占いに適した時間、適さない時間はあるの？

よく「深夜は占うべきではない」などと言われますが、夜は妄想が広がりやすいためであって、集中力をきちんと保って、冷静な判断を下せるならば、問題はありません。また飲酒時は、いつもより直感が冴えてくる人もいれば、鈍くなってしまう人もいます。

占いに適さないのは、心がザワついていたり、落ち着いていないとき。カードをシャッフルしても気持ちがまとまらないようなときは、占うのをやめておきましょう。

Q 他人を占う際のポイントは？

誰か他の人を占う場合は、自分の考えや固定観念に縛られないで、心を空にする気持ちで占うことが大切です。たとえば、よく知っている相手であれば、「きっとこうに違いない」などといった先入観を持ってしまったり、相手の幸せを願うあまり「こうなったらいいのに」と勝手なイメージを抱いてしまうのは、占う以前の問題です。

他人を占う場合は、相手のために最適な診断が降りるよう、自分自身がそのツールとなるように、心をまっさらにして、静かで平穏な気持ちで向かいましょう。

Q 全体に「逆位置」が多すぎるときは？

不思議なもので、診断するカードには、そのときの心理がそのまま表れます。問題が漠然としていたり、遊び半分で引くと、それを表すカードが出てしまうもの……。全体に逆位置ばかりというときは、質問者が問題と向き合えていなかったり、占うべき問題ではないといったことを、カードが教えてくれている場合もあるでしょう。

このような場合は、時間を置いて占い直しましょう。真摯に向き合えないときは、占うべきではないのです。

Q カードは人に触らせないほうがいい？

あなたとカードとのコミュニケーションがとれていれば、問題ないでしょう。ただし、使いはじめのときなどは、自分になじむまでは、自分だけのカードにしておいたほうがいいかもしれません。

また、他の人が触れるくらいなら何も問題はありませんが、相手がまるで自分のカードのように使いはじめるようになると、あなたの気がブレてしまうかもしれませんので、貸し借りはしないほうがいいでしょう。

パーティー・スプレッド(P207)のように、友達同士で占い合うようなときは、まったく問題ありません。

Q 「的中率が下がってきた」と感じるときは？

　そうした場合、もしかしたら占いに集中できていないのかもしれません。なんとなくピンとこないカードばかり……というときは、質問が明確になっていないのか、場合によっては、占わないほうがいいことであるケースもあります。

Q カードのしまい方、保管方法は？

　枚数がきちんとそろっているかどうかを確認し、専用のケースにしまいましょう。また、あなたのお気に入りの袋やケースにしまっても大丈夫です。

Q カードを1枚なくしてしまったのですが……？

　タロットカードは、78枚でひとつの「世界」を構成しています。カードが欠けた状態で占うと、その世界観が崩れてしまうため、正確な答えが出なくなってしまいます。残念ですが、その場合は新たに買い直しましょう。

Column
占い以外のカードの活用法

　占った結果、今後の指針になりそうなカードや、アドバイスを示す位置に出たカード、またその日の運勢を占ったカードは、写真に撮って携帯の待ち受けにするのがおすすめです。それによって、アドバイスを忘れにくくするだけでなく、出たカードの意味と現実に起きた物事を対応させていくことができるので、「このカードが出たときは、こういう出来事が起きるのだ」と、データを蓄積していくことができるでしょう。

　また小アルカナの各エースは、そのエレメントの持つパワーを最も純粋な形で表しているカードなので、お守りにするのに最適。たとえば人間関係を良くしたいときは、ソードとカップのエースを。エレメントが表す意味については、208ページを参照してください。今の自分に必要な力を宿しているカードを眺めながら瞑想すると、そのエレメントのパワーが、あなたの中に浸透していきます。気に入ったカードは小さな額に入れて、部屋に飾るのもおすすめです。

第4章

カードの展開法(スプレッド)

占い方 1

ワンオラクル

カードをシャッフルしてまとめた山から1枚だけ引きます。あらゆる質問に対応することができる、万能なスプレッド。手軽にできるので、タロット初心者にもおすすめです。ただし、このスプレッドは「1枚ですべてを読み解く」ものですから、質問や問いかけもシンプルなものに適しています。

Q 今日はどんなことが起こる日？

<引いたカード> ★審判（※上の図を参照）

何か重大な決定が下される可能性があります。ずっと決まらずにいたことに、ようやく決着がつくかもしれません。一度ダメになったものの可能性が、再浮上してくることも……。

Q 今日1日の私のテーマは?

吊られた男

　停滞した状況を表しています。何も決められずにいるか、動きたくても動けない状況なのかもしれません。今はじっくりと自分に向き合ってみることで、方向性が明確になったり、やるべきことが見えてくるでしょう。煮え切らない現状への焦りがあるかもしれませんが、大丈夫。自分を見つめ直したり、プランを再考することがテーマです。

Q 気になる異性がいます。どんなふうに彼に接したらいいですか?

カップの9

　まず、ゆったり構えてください。相手から好かれたい、もっと愛されたい、という気持ちがあったとしても、相手からのアクションを期待しないで。相手がもしも自分を気に入ってくれるのであれば……というような、余裕ある気楽な気持ちで接すれば、進展が望めるかもしれません。このカードが表しているのは、満ち足りた状態。心が愛に飢えていたら、きっとうまくはいかないでしょう。あなたから優しさや愛情を「よかったら、おひとつどうぞ」と贈るような心持ちが、相手の心の扉を開くカギに。

Q 感情的に不安定な友人のAさん。八つ当たりされることも多いのですが、どんな態度で接すればいい?

ソードの8

　今は自分のことで、いっぱいいっぱいなのかもしれません。「誰も自分を分かってくれていない」と思っていたり、周りとうまくいっていないと感じるような孤独な状況がうかがえます。自分の力ではどうにもできないために、心の内では、誰かにこの状況を打開してほしいと願っているのでしょう。カードの遠景に描かれた助け人の姿が暗示す

189

るように、Aさんをサポートする気持ちで接すれば、Aさんの心も穏やかさを取り戻すはず。

Q 最近、社内の雰囲気が悪くなっています。部下は自分勝手な行動ばかり…。私はどのようにふるまえばいい？

カップの10

「家族が円満な姿」を表すカードが出たということは、親和性を大切にすることが重要です。個性が違っていても、みんながそれぞれに勝手なことをしていても、心がひとつになっていれば、円満な関係性を築けるはず。バラバラなのは、心が離れているからなのではないでしょうか。

みんなのことを理解しようという、歩み寄りの姿勢が大事。一緒に食事をしたり、飲み会を開くなど、コミュニケーションの機会を増やしてみては？　また、家族がひとつの「チーム」であるように、同じ会社の家族、チームなのだという意識で、強い信頼感を持つことが、みんなの心を結びつけることにつながるでしょう。

Q 行動が自由奔放すぎる後輩のBさん。
扱いづらくて困っていますが、どんな態度で接すればいい？

カップの6

この場合、相手を「扱う」という態度でいるから、関係性がうまくいっていないとも考えられます。カードに現れた子どもたちのように、相手に寄り添い歩く気持ちが大切です。子どものような純真な気持ちでBさんに接することが、関係を改善することにつながるでしょう。

もしも相手が間違っていると感じたときも、相手を自分の思い通りに動かそうとしないように。まずは心のコミュニケーションをはかってください。相手の手を引いて、導いてあげるような優しさを持って言葉にすれば、きっとその心が伝わるはず。

占い方 2

ツーカード・スプレッド

① Aを選んだ場合
（またはAの状況）

② Bを選んだ場合
（またはBの状況）

2つの選択肢を設定して、それぞれの展開や状況を占うスプレッドです。並列する2つの物事を見比べることもできるので、「Aを選んだ場合の未来・Bを選んだ場合の未来」「Aさんの気持ち・Bさんの気持ち」など、質問の立て方を工夫することで、多岐に占うことができます。

Q 付き合っている彼女がいます。結婚をした場合、しなかった場合、それぞれの未来はどうなりますか？

＜引いたカード＞　①結婚した場合……審判
　　　　　　　　　②しなかった場合……皇帝（※上の図を参照）

　質問者は、これまでバリバリ働いてきた仕事人間タイプの男性。結婚を決意した場合、まったく新しい人生を生き直すような変化が訪れます。もしかしたら、仕事に偏りがちだった生活から「家庭人」として生

きることで、忘れていた何かが目覚めるかもしれません。健康な暮らしを取り戻す、愛のある人生を生きる……といった変化も考えられます。

結婚しなかった場合は、これまで通り仕事に没頭し、目標を達成していくことになるでしょう。また、頂点を極める意味合いもあります。

Q これまでに経験のない、あるプロジェクトへの参加を打診されましたが、自信がなくて決めかねています。

①参加した場合
ペンタクルの3

②しなかった場合
ペンタクルの王子

参加した場合、自信が高まるような手応えを得られるでしょう。人からも認められ躍進するステップとなることを暗示しています。

参加しなかった場合は、さまざまな可能性が開かれていますが、まだ何もはじまらない状態です。今後のために何をすべきかを模索することになりそうです。

Q 最近、別れた恋人と再会して、気持ちが揺らいでいます。自分と彼、ふたりの今の気持ちは？

①自分の気持ち
太陽

②彼の気持ち
死神

質問者は「もしかしたら発展があるかも」という期待や希望がふくらんでいるようです。しかし、相手のほうは「終わったこと」として断ち切っている様子がうかがえます。

「太陽」は現世であり、「死神」があの世であることから、ふたりの世界はすでにかけ離れ過ぎていると感じられます。今、ふたりの接点は何もない状態かもしれません。「住む世界が違う」「ふたりをつなぐものが何もない」姿から、残念ながらこのままでは復縁は難しいでしょう。別の道を歩んだほうが、幸せになれそうな結果といえます。

前の占いの続き

Q 今後、何かのきっかけがあって彼と復縁した場合と、しなかった場合、それぞれの未来はどうなりますか？

①復縁した場合
運命の輪

②復縁しない場合
隠者

「運命の輪」が暗示するのは、変転する未来。もしも復縁した場合、未来が大きく変わることを示しています。前の占いの流れから考えると、質問者の「太陽」のカードは暗転する可能性が高いでしょう。運命の輪は、現在の状況が様変わりする意味を持ちますから、はたして幸せな状態へ転じるのか、あるいは苦労する流れに行くのか、状況から読み取ることが大事です。

一方、復縁しなかった場合、質問者は自分自身の探求を続けることになるでしょう。深い精神性を表す「隠者」のアルカナは、希望のランタンに照らされて、魂の目的を達成する道を暗示しています。

占い方 3

スリーカード・スプレッド

① 過去　　② 現在　　③ 未来

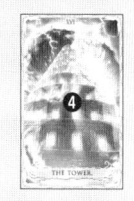

④ アドバイスカード

「過去・現在・未来」という時系列に沿って3枚のカードを配置し、物事の推移を見ていくのに適したスプレッドです。特に、時間の経過に伴う物事の変遷や、感情の移り変わり、運勢の流れが端的に分かります。

Q 最近、人事異動で部署が変わり、仕事が思うようにいかず挫折ぎみです。私の仕事運はどうなっているのでしょうか？

＜引いたカード＞　①過去……愚者　②現在……力　③未来……正義
（※上の図を参照）

　今の仕事に就いたときは、右も左も分からない中で、希望を胸に飛び込んだのでしょう。現在はそれなりの経験や知識を身につけてきたものの、その力をどのように使っていいのか、加減が分からずにいるのか

もしれません。困難な状況であることがうかがえますが、未来に現れたのは正義のカード。正しい意味で、力を行使していくことができるようになるでしょう。社内での立場の向上や、あるいはより高いレベルでのスタートを切ることになるかもしれません。

解釈のヒント

もっと知りたいときは「アドバイスカード」を！

スプレッドを組んだ後、「もうひと声、アドバイスが欲しい」というときには、カードの山からもう1枚、カードを引きましょう。それがアドバイスカードです。その問題に関連して、「では、そのためにはどうしたらいい？」などの具体的な答えをくれます。

ただし、たくさん引きたくなっても、1〜2枚にとどめて。それ以上の疑問や尋ねたいことがわき上がってきた場合は、一度仕切り直して、新しい質問を立ててから占いましょう。

Q では、そうした未来を引き寄せるために、私はどうしたらいいですか？

④アドバイスカード……塔（※左ページの図を参照）

塔

価値観や物の考え方を、根本から変える必要がありそうです。これまでの経験や築いてきたものが、今は足かせとなっているのかもしれません。あなたが「こうでなければならない」と縛りつけられている古い考え方を、まずは断ち切ることが大切です。

占い方 4

ケルティッククロス・スプレッド

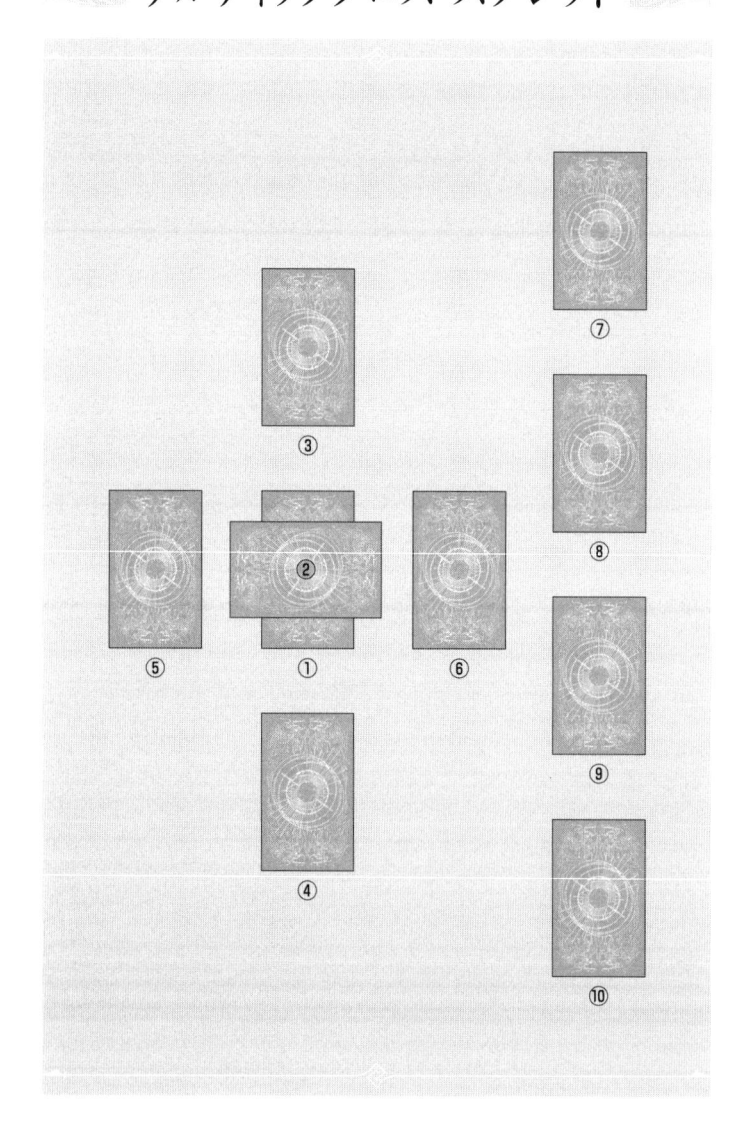

ひとつの問題を深く掘り下げ、何が障害となっているのか、今後の展開はどうなるのかを明らかにするスプレッド。
問題解決の糸口や、問題となっていることの真相や詳細、どうしたら現状を打開できるのか、などを知りたいときに。自分自身の心と向き合いたいときにも、おすすめです。

スプレッドの左側の縦のライン (③④) は心の状態を、横のライン (⑤⑥) は時間の経過を表しています。
その交差点に、あなたが置かれている現状 (①) と、障害になっている要因 (②) が浮かび上がるようになっています。

またスプレッドの右側 (⑦⑧⑨⑩) には、今後この問題がどのように推移していくか、あなたはどんな行動をとるべきかが暗示されています。

カードが暗示する事柄

①現状 (起きている出来事)
②障害となっていること
③顕在意識
④潜在意識
⑤過去 (原因)
⑥未来
⑦質問者の意識
⑧周囲の状況 (環境)
⑨願望、アドバイス
⑩最終結果

Q 恋人ができてもすぐに別れてしまうし、長続きしません。
私はこのまま独りなのでしょうか？ 何が問題なのでしょうか？

① 現状……ソードの王
② 障害となっていること…ソードのエース
③ 顕在意識……隠者
④ 潜在意識……カップの3
⑤ 過去(原因)…ペンタクルの6
⑥ 未来……戦車
⑦ 質問者の意識……カップの7
⑧ 周囲の状況(環境)…吊られた男
⑨ 願望、アドバイス……ソードの2
⑩ 最終結果……世界

　①現状の位置にある「ソードの王」は、質問者が知性的なパワーの持ち主であることを表しています。②障害を表す位置にある「ソードのエース」は、その知性的なパワーが問題となっていることを暗示。同一

のエレメントが現れていることからも、質問者にはこれまで知性の剣によって異性関係をダメにしてきた一面があるのかもしれません。③顕在意識の位置にある「隠者」は、質問者が探求者さながらに、真実の愛を追い求めてきた様子を感じさせます。しかしながら、④潜在意識に現れた「カップの3」は、質問者は生来は愛に満ちあふれた存在であり、外に探しに行く必要などどこにもないことを物語っています。もしかすると、愛情を知性の秤(はかり)によって選別(ソード=風のエレメント P208 参照)しようとしたために、真の愛から遠ざかってきたのではないでしょうか。

　時系列を追ってみると、⑤過去の位置にある「ペンタクルの6」は、施しを与える者と受ける者が描かれています。おそらく質問者はかつて、受ける側になろうとしていたのかもしれません。同一の絵図に表れた存在は、どちらも質問者の姿を表しているので、欲する側から与える愛に気づいたことを表しているようです。⑥未来を表す位置にある「戦車」は、質問者が過去の愛の学びを終えて、追い求めた愛を手にすることを暗示しています。

　⑦質問者の意識を表す位置にある「カップの7」は、過去を振り返ってみたものの、この先どこに向かうのか考えあぐねている様子。自分が本当に欲しているものが分からなくなってしまった、という心理を表しています。⑧周囲の状況を表すカードは「吊られた男」。周囲はこの問題には関与していない、つまり他人が障害にはなっていないということです。⑨アドバイスの位置にある「ソードの2」は、質問者が何かを選択しなければいけないことを暗示。この場合、相手を推量する知性(ソード)で選ぶのか？　愛(カップ)からの選択なのか？　ということになるでしょう。知性(ソード)によるかかわり方では、これまでと同じパターンの繰り返しになってしまいますから……愛による選択によって、自らの愛を体現できる関係性を獲得していくことに、きっとなるでしょう。

　⑩最終結果の位置にある「世界」は、質問者が幸せになることを暗示しています。これまでの紆余(うよ)曲折の、すべてがムダでなかったことを知る日がきっとやってきます。

占い方 5

ホロスコープ・スプレッド

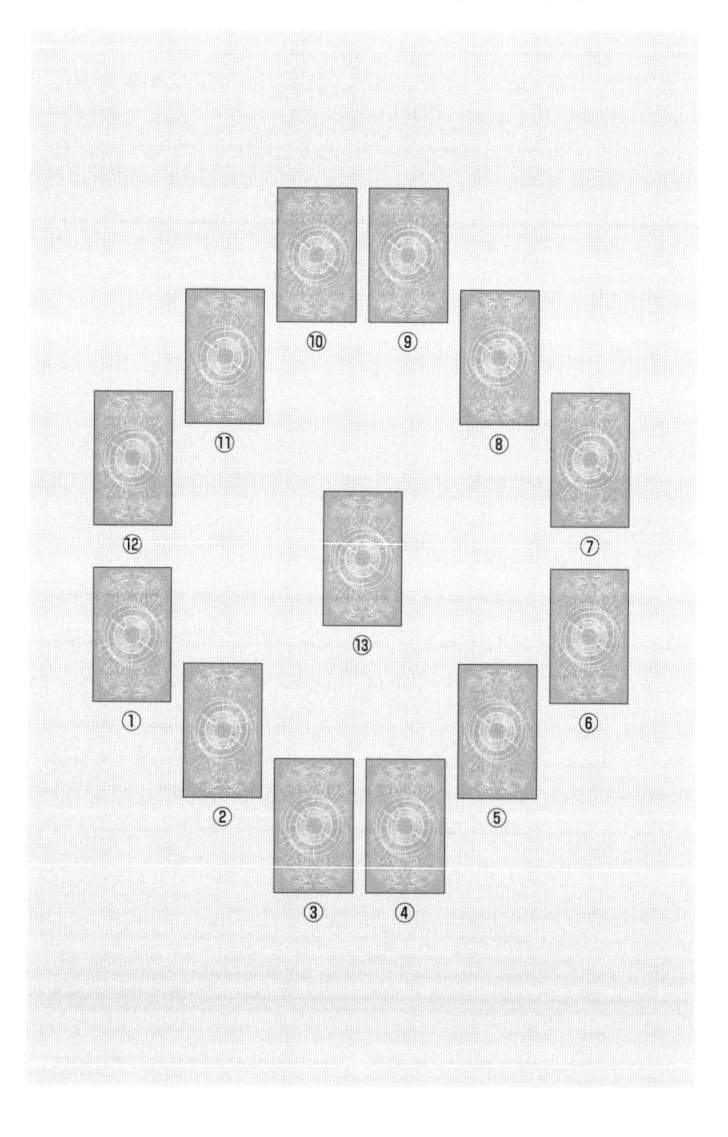

西洋占星術における、その人が生まれたときの星の配置図「ホロスコープ」を模したスプレッドです。12枚のカードを環状に配置し、センターに全体のテーマカードを置きます。並べ方は1パターンですが、次の2通りの占い方があります
Ⓐ「恋愛、お金、仕事など、現在の運勢全般」を占う
Ⓑ「これから1年間、1カ月ごとの運気やテーマ」を占う
Aは、現時点でのあなたを取り巻いているあらゆる状況を知りたいときに、Bは、これから1年間の動きを知りたいときや、誕生日や新年など1年の節目となるタイミングで占うのに適しています。

Ⓐ「恋愛、お金、仕事など、現在の運勢全般」を占う

① 1ハウス………… はじまり、自己、生きる目的、個性、基本的な性格、肉体
② 2ハウス　……… お金、所有する物質、才能
③ 3ハウス　……… コミュニケーション、兄弟関係、学習、通信、頭脳活動、基本的な考え方
④ 4ハウス　……… 家庭、私生活、故郷、昔からの習慣、ルーツ、祖先
⑤ 5ハウス　……… 恋愛、創造力、娯楽、ギャンブル、芸能、子ども、芸術活動
⑥ 6ハウス　……… 労働、健康、職場、他者への奉仕、病気
⑦ 7ハウス　……… パートナー、結婚、他人、他人の目、自己イメージ
⑧ 8ハウス　……… 死と再生、セックス、遺産、自己変革
⑨ 9ハウス　……… 哲学、外国、宗教、出版、理想、拡大
⑩ 10ハウス　……… 社会的な地位、名誉、野心、権威
⑪ 11ハウス　……… グループ、集団、希望、同志
⑫ 12ハウス　……… 潜在意識、隠れている問題、物事の完了、トラウマ
⑬ テーマカード　…… 今の状況を象徴、全体のテーマ、アドバイス

※1ハウス〜6ハウスまでは個人的な事柄を、7ハウスから12ハウスまでは社会的な事柄を表しています

Q 最近、昇進したことによって仕事が多忙を極めており、恋愛をする暇もありません。私を取り巻いている今の状況は？

① 1ハウス……節制
② 2ハウス……星
③ 3ハウス……力
④ 4ハウス……吊られた男
⑤ 5ハウス……隠者
⑥ 6ハウス……運命の輪
⑦ 7ハウス……審判
⑧ 8ハウス……法王
⑨ 9ハウス……太陽
⑩ 10ハウス……月
⑪ 11ハウス……塔
⑫ 12ハウス……皇帝
⑬ テーマカード……戦車

※大アルカナ22枚のみで占った場合です

----

① 1ハウスにある「節制」は、質問者が自制的な状態にあることを表しています。仕事が多忙でも、きちんと公私のバランスが取れているよう

です。③3ハウスにある「力」は、質問者が人間関係において、あるいは人生上で、自分の力をどう使っていくべきかをよく理解していることを伝えています。思っている以上に、スキルが高まっているとも考えられます。収入を表す②2ハウスにある「星」は、将来的な希望を持てることを暗示。仕事の状態を表す⑥6ハウスにある「運命の輪」は、質問者が環境変化の真っただ中にあることを表しています。社会的な地位を表す⑩10ハウスにある「月」は、質問者のポジショニングが不安定であることを示していますので、変化の流れは今後も続くでしょう。質問者自身、どのような方向に自分を導けばいいのか？　そしてその選択が周囲から評価されるのか？　という悩みが生じているのかもしれません。

　⑨9ハウスにある「太陽」は、質問者の純真な目標や夢を暗示しています。心から「楽しい、うれしい」と思える目標を失わなければ、生まれ持った才能を生かして、必ずその実りを享受することができるでしょう。

　恋愛や楽しみを表す⑤5ハウスに「隠者」があることから、今は自分の人生の追求が先決であり、恋愛は二の次となっているようです。しかしながら、この自己探求をすることで、⑦7ハウスに現れた「審判」のカードが暗示するように、新しいパートナーシップが生まれるかもしれません。場合によっては、過去の恋人との関係が再燃する、あるいは結婚願望が芽生えるなど、新たな道を歩み出すきっかけを得るでしょう。

　また、家庭を表す④4ハウスにある「吊られた男」は、質問者の家庭環境が閉塞的であるか、あるいは人に言えない悩みを抱えているとも考えられます。⑧8ハウスにある「法王」は、質問者の自己変革の必要性、規律のある暮らしなどを暗示しています。⑪11ハウスに現れた「塔」は、人間関係や属するグループに変化が訪れることを示唆。潜在意識を表す⑫12ハウスの「皇帝」には、もっと自分の能力を発揮して、やりがいのある人生を歩みたいという願いが秘められているのかも……。

　最後に現れた⑬テーマカードは「戦車」。質問者がこの状況を突破するには、行動あるのみ！　未知なるものや未来を恐れずに一歩を踏み出していくことが、悔いのない人生を歩むカギだと伝えています。

Ⓑ「これから1年間、1ヵ月ごとの運気やテーマ」を占う

① 1ヵ月後
② 2ヵ月後
③ 3ヵ月後
④ 4ヵ月後
⑤ 5ヵ月後
⑥ 6ヵ月後

⑦ 7ヵ月後
⑧ 8ヵ月後
⑨ 9ヵ月後
⑩ 10ヵ月後
⑪ 11ヵ月後
⑫ 12ヵ月後

⑬ テーマカード
……その1年のテーマ、アドバイス、行動指針

※下のリーディング例のように、月を対応させてもOK
※78枚で占った場合は、特に大アルカナが出た月は、大きな節目が訪れるターニングポイントとなるでしょう

Q 今日は2月4日、立春です。
私はこれから1年間、各月ごとにどんな運勢になる？

① 2月……ワンドのエース
② 3月……ペンタクルの5
③ 4月……ワンドの5
④ 5月……ペンタクルの2
⑤ 6月……吊られた男
⑥ 7月……ソードの王
⑦ 8月……ペンタクルの騎士
⑧ 9月……ペンタクルの3
⑨ 10月……カップの王
⑩ 11月……ソードの7
⑪ 12月……ペンタクルの女王
⑫ 1月……ワンドの6
⑬ テーマカード…カップの女王

　全体を眺め渡すと、ペンタクルとワンドが多いことから、ビジネス上の動きが多くなることが予見される1年です。2月に現れた「ワンドのエース」は、立春にふさわしく「情熱的なはじまり」を暗示しています。これまでの生き方や習慣を打ち破り、新たに生まれた希望に向けて頑張ろうという気持ちが高まるでしょう。3月は「ペンタクルの5」。変化の時節とはいえ、仕事上の混乱や、居場所のないような孤独を味わうかもしれません。しかしながら、この時期に体験する価値観の変化によって、人生の質的な向上がもたらされるでしょう。4月は「ワンドの5」。新規の企画やプランを実行する時期になりそう。周囲との衝突や軋轢（あつれき）は避けられないかもしれませんが、自分の信念を貫いたほうがいいでしょう。

　5月は「ペンタクルの2」。生活の安定や、余暇を楽しむことがテーマのひと月に。6月に現れたのは「吊られた男」。動きたくても動けないような状態で、もどかしさを感じるかもしれません。この時期は行動を起こすよりも、内省することで見えてくるものがあるでしょう。自分の内面と向き合う中で、本当の望みに気づいたり、モヤモヤしていた問題がクリアになるはず。そして7月の「ソードの王」は、知性的で自信に満ちた姿を感じさせます。やるべきことが定まり、能力を発揮できるポジションを獲得するかもしれません。

　8月は「ペンタクルの騎士」。やりがいのあることに取り組みたい、価値あるものを得たい、という願いが強まりそう。「自分ならもっとできるはず」という前向きな気持ちが、周囲の協力を引き出す暗示も。9月は

「ペンタクルの3」。2月からの取り組みが、何らかの報酬や利益に結びつきそうです。経済的な問題は解消へと向かうでしょう。10月の「カップの王」は、努力が認められて昇進したり、ビジネスチャンスが訪れるなど自己実現できることを表します。夢に描いてきたことが具現化する兆しです。仕事と愛情の両面で、実りある時期を迎えるでしょう。

11月は「ソードの7」。プレッシャーやストレスが強まる兆しです。安易な気持ちで引き受けると面倒になりかねない時期ですから、決断の際は慎重に。12月は「ペンタクルの女王」で、新たな環境の中で、自分の居場所を得るために尽力してきた成果が、美しい実りとなります。ステップアップのチャンスを、しっかりとつかんでください。1月は「ワンドの6」。自然体でいることが周囲との調和をもたらし、仕事面でも大きな成果を挙げる暗示です。理想に向けて前進する好機でもあります。

この1年のテーマカードは「カップの女王」。感受性や直感力を大切にして、愛情を傾けることが実りをもたらすカギといえます。不安に感じたり、人間関係で悩んだときは、このカードを思い出すといいでしょう。与えれば与えるほど、あなたの状況は良くなっていくはずです。

みんなで楽しく占おう!

パーティー・スプレッド

　友達同士で集まった際などに、楽しくお互いのことが占えるスプレッドです。スプレッドといっても、特に配置に決まりはありません。78枚のカードをシャッフルした状態でテーブルに広げ、気になるテーマについて自由にカードを引き、その結果について思ったこと、感じたことを言い合ってみましょう。

　カードを引くときは、あまり深く考えこます、直感的にテンポよくがポイント。「今の私の恋愛運は?」「同僚の◯◯さんはどんな人?」「最近気になっているあの人、関係が進展する可能性は?」「今の仕事、辞めるべき?」など、なかなか言えなかった本心を打ち明けたり、相手の知らなかった一面を垣間見ることができたり……。

　また「そのカード、こんなことを表しているのでは?」と、第三者の解釈を聞けるので、ひとりで占っているときには思いつかないような、解決策やアドバイスを得られることも。

　気楽にできるこのスプレッドは、参加した人たちとの仲を深めることもできるでしょう。

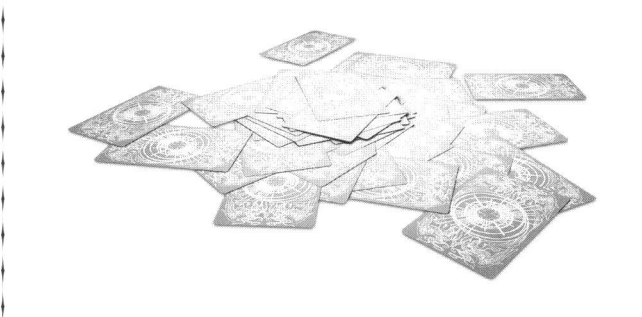

応用編

エレメント法

　恋愛、仕事、金運、人間関係など、あるテーマにおける細かいニュアンスや状況を知りたいときには、小アルカナの特定のエレメントのカードだけを使って占う「エレメント法」がおすすめです。エレメント法は、このタロットデッキのために考案した占い方ですが、より具体的な答えを得ることができるので、ぜひマスターしていただきたいと思います。

　ワンド（火）、ペンタクル（地）、ソード（風）、カップ（水）それぞれのエレメントが表す意味は、次の通りです。

ワンド（火のエレメント） …… 精神にかかわる事柄

情熱、創造性、生命力、やりたいこと、希望、目標、熱意、アピール、冒険、独立、満足感、充実感、前進、推進、行動力、熱中

ペンタクル（地のエレメント） …… 現実・物質にかかわる事柄

お金、財産、名誉、地位、評価、報酬、利益、健康、肉体、形のあるもの、実り、慎重さ、スキル、才能、不動産、契約

ソード（風のエレメント） …… 知性・理性にかかわる事柄

仕事、会話、知識、コミュニケーション、関係性、アイデア、論理性、選別する、言葉、同志、自由さ、思想、トレンド

カップ（水のエレメント） …… 感情・メンタルにかかわる事柄

恋愛、愛情、友情、イマジネーション、形のないもの、想像力、直感、インスピレーション、霊感、共感、家族

① **使用するエレメントを選ぶ**
左ページに挙げた4つのエレメントの意味を見ながら、質問内容に関係していると思われるエレメントを、1〜3つ選びます。

② **使用するスプレッドを選ぶ**
①で選んだエレメントのカードを使って、ワンオラクル、ツーカード、スリーカード、ケルティッククロス、ホロスコープなど、質問に合ったスプレッドで占います。

　一般的に、恋愛や愛情関係はカップ（水）、仕事はソード（風）とワンド（火）、金運や健康はペンタクル（地）、人間関係はソード（風）とカップ（水）で占うことが多いですが、基本的なエレメントの意味を押さえておけば、組み合わせは自由です。たとえば……

★「このプロジェクトを、どのように進めるといい？」
ワンド（推進）×**ソード**（仕事、アイデア）×**ペンタクル**（利益）を使用って、**ワンオラクル**（P188〜）で占う

★「すれ違っているあの人と私。それぞれどんな思いを抱いている？」
ソード（関係性）×**カップ**（愛情）を使用して、**ツーカード**（P191〜）で占う

★「最近、心身の不調に悩まされている。その原因は？」
ワンド（精神）×**ペンタクル**（肉体）を使用して、**ケルティッククロス**（P196〜）で占う

　このほかにも、質問に応じて、さまざまな組み合わせが考えられます。次ページから紹介する、実際のリーディング例も参考にしてください。

Q 新しい仕事の依頼がありましたが、初めての分野なので迷いもあります。仕事を引き受けるべき？　断るべき？

①
引き受けた場合
ワンドの3

②
断った場合
ワンドの騎士

使用カード
ワンド、ソード、ペンタクル

使用スプレッド
ツーカード

　3つのエレメントを使用しましたが、出たのが「ワンド」のみだったことから、自己実現の道を切り開いていくことがテーマとなっていると感じ取れます。「ワンドの3」は、あなたの前に広がっているチャンスと、実り多き冒険を暗示しています。たとえ今、何の準備も整っていない状態であったとしても、踏み出すことで未来は大きく開かれていくでしょう。

　一方、断った場合の「ワンドの騎士」は、自主独立の精神で道を切り開いてゆくことを暗示。甘えや優柔不断な態度でチャンスを待つのではなく、自ら行動していくことで道が開けてくるでしょう。

　どちらのカードも、結果的には質問者にとって今より良い状況に至ることを暗示しています。どちらを選ぶかは質問者次第ですが、与えられたチャンス（ワンドの3）をものにするのか、独立独行（ワンドの騎士）でゆくのか……。自分を信じて「未知なる可能性に賭けてみたい！」と思うならば、ワンドの騎士にゆだねたほうがいいかもしれません。

Q 今の会社に勤めて10年になります。
私の立場と人間関係は、今後どうなっていく?

①	②	③	④
過去 ソードの王	現在 カップの女王	未来 ソードの6	アドバイスカード ソードのエース

使用カード　　　　　　　　　使用スプレッド

ソード、カップ　　　　　　　　スリーカード

　過去を表す「ソードの王」は、質問者が知識や経験を生かして、熱心に仕事に向かってきた姿勢を表しています。人間関係においては、ネットワークを築くために尽力してきたことが読み取れます。しかしながら威厳に満ちた王の姿から、自分の考えに固執するところもあったかもしれません。現在を表す「カップの女王」からは、質問者が自分の考えを「知性の剣」によって振りかざすのではなく、愛を持って接しようとしている姿が感じられます。穏やかで満ち足りた女王の姿は、現在の人間関係が円満であることを表しているようです。

　未来を表す「ソードの6」は、人間関係のあり方そのものを変えていかねばならない状況に至る可能性を示唆。もしかすると環境の変化によって、これまで通りにはいかないような壁に突き当たることも……。

　アドバイスカードの「ソードのエース」は、知性や経験、自分の考えを信頼して、リーダーシップをとっていくことの重要性を暗示しています。気高い信念を持ち続ければ、問題に足を取られることなく、周囲に光をもたらす存在として、良好な人間関係を築いていけるでしょう。

Q 最近、恋人と別れたばかり……。
今後の私の愛情運はどうなりますか?

①	②	③	④
過去	現在	未来	アドバイスカード
カップの騎士	カップの女王	カップの10	カップの王

使用カード　カップ

使用スプレッド　スリーカード

　過去を表す「カップの騎士」は、質問者が愛のために全力を傾けてきた姿をうかがわせます。現在を表す「カップの女王」は、愛の守護者であり、愛を体現する存在をつかさどっていますから、満ち足りた状態にあることを暗示。恋人との関係性は終わってしまったかもしれませんが、悔いのない恋であったのではないでしょうか。

　そして、未来を表す「カップの10」は、質問者が近い将来、新たな愛を獲得するであろうことを暗示しています。もしかしたら、別れた相手とは、将来を一緒に歩んでゆくかかわりではなかったのでしょう。「カップの10」は、結婚や家庭を予感させるカードでもありますから、質問者は将来をともに歩むパートナーと出会うために、別れに至ったのではないかと思われます。

　アドバイスカードの「カップの王」は、これまでの愛での学びのすべてを生かすことによって、かけがえのない愛を手にするであろうことを告げているようです。

Q 付き合って5年になる恋人との関係は、
今後どうなっていきますか?

① 過去
カップの王子

② 現在
カップの7

③ 未来
カップの女王

④ アドバイスカード
カップの10

使用カード
カップ

使用スプレッド
スリーカード

　過去を表す「カップの王子」は、恋への憧れや未来への漠然とした希望を頼りに、歩みはじめた恋だったことを暗示しています。現在を表す「カップの7」は、質問者がふたりの関係をどうしたいのか、明確に定まっていない様子を示唆しています。現状を変えたい気持ちがあるものの、具体的な将来のヴィジョンが持てないでいるのかもしれません。

　でも未来を表す「カップの女王」には、質問者の心の迷いが消えて、愛を育んでいる様がうかがえます。

　アドバイスカードに現れた「カップの10」は、質問者が相手と家庭を築いていくことを決意するのが、今後の行方のカギとなることを暗示しています。

あとがき

　タロットには、人生に訪れるさまざまな出来事を、物語の連鎖のように語っている一面があるのではないかと思います。だからこそ、78枚のカードの中に自分を映し出し、人生のヒントを得ることができるのではないでしょうか。このアルケミア・タロットは、人生において人が化学変化を起こして成長していくさまを、物語のような展開に仕上げました。

　アルケミア・タロットの物語を素晴らしい絵で飾ってくださった、CGアーティストの貴希(たかき)さんに心から感謝します。みなさんのイマジネーションをかきたて、あたたかいメッセージを贈ってくれると思います。

　また、企画・編集を担当してくださった、実業之日本社学芸出版部の高森玲子さんにも厚くお礼申し上げます。

　みなさんの人生に多くの喜びが降り注ぎますように！

Profile

森村あこ　*Ako Morimura*

ホロスコープカウンセラー、西洋占星術研究家、ストーンセラピスト、アロマセラピスト。「セブンティーン」など女性誌を中心に執筆多数。深層心理への深い理解に基づく悩み相談で、多くの人々を勇気づけている。また、パワーストーンやアロマとの幅広いつきあい方をテーマに、執筆・講演等を行なっている。著書に『パワーストーン・オラクルカード』『パワーストーン・オラクルカード・プレミアム』『パワーストーン 幸運の辞典』『パワーストーン 魔法の石カタログ』『パワーストーン＆アロマ活用ガイド』『はじめてでもよくわかるタロット占い入門』(実業之日本社刊)など。
●公式ブログ　http://akomorimura.blogspot.jp/

貴希　*Takaki*

幼少期から翼を持つ鳥に憧れ、絵を描くアーティスト。北海道出身。油彩等の経験を経て、絵画制作をコンピューター上で行なう「デジタルペインティング」へ転向。透明感のある作風で多くの支持を集め、ジグソーパズルやステーショナリーが国内外で数多く商品化される。CGアニメーションやシナリオ、キャラクターデザインを手がけたプラネタリウム映像作品は全国で上映され、マルチクリエイターとして活躍の場を広げている。
●ホームページ　http://www7a.biglobe.ne.jp/~secretwings/

アルケミア・タロット

オリジナルタロットカード 78 枚セット

2012 年 4 月 5 日　　初版第 1 刷発行
2022 年 12 月 26 日　　初版第 25 刷発行

著　者　森村あこ
装　画　貴希
発行者　岩野裕一
発行所　株式会社実業之日本社
　　　　〒107-0062　東京都港区南青山 5-4-30
　　　　　　　　　　emergence aoyama complex 3F
　　　　【編集部】03-6809-0452【販売部】03-6809-0495
　　　　実業之日本社のホームページ https://www.j-n.co.jp/
印刷・製本　大日本印刷株式会社

© Ako Morimura, Takaki, Jitsugyo no Nihonsha, Ltd.
ISBN978-4-408-10931-2　2012 Printed in Japan
乱丁・落丁の場合はお取り換えいたします。（第一経済）

本書の一部あるいは全部を無断で複写・複製 (コピー、スキャン、デジタル化等)・転載することは、法律で認められた場合を除き、禁じられています。また、購入者以外の第三者による本書のいかなる電子複製も一切認められておりません。
落丁・乱丁 (ページ順序の間違いや抜け落ち) の場合は、ご面倒でも購入された書店名を明記して、小社販売部あてにお送りください。送料小社負担でお取り替えいたします。ただし、古書店等で購入したものについてはお取り替えできません。
定価はカバーに表示してあります。
小社のプライバシー・ポリシー (個人情報の取り扱い) は上記ホームページをご覧ください。

実業之日本社 森村あこの本

はじめてでもよくわかる タロット占い入門

A5版　定価1650円(税込)

「タロット占いの基本」が一冊に！

大アルカナ22枚・小アルカナ56枚を、カラーで詳しく解説。実占におけるアドバイスがぎっしりつまった、入門書の決定版！ ウェイト版とマルセイユ版に加えて、『アルケミア・タロット』の図版も掲載。タロットがはじめてという人でも、すぐに占えます！

パワーストーン・オラクルカード

石の力をとじ込めた魔法のカード60枚セット

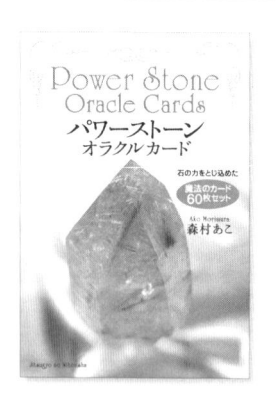

四六版・函入り　定価2420円(税込)

あなたを導く、石からのメッセージ

悩んだときや迷ったときに答えをくれる、美しいパワーストーンのカード60枚と解説書のセット。占いだけでなく、願い事を叶えるお守りや、心身のヒーリングにも使えます。定番からレアな石まで60種類を掲載。パワーストーン好きの方にもおすすめです。